Konzepte der Humanwissenschaften

W. R. Bion

Erfahrungen in Gruppen

und andere Schriften

Ernst Klett Verlag Stuttgart

Titel der Originalausgabe:
„Experiences in Groups
and Other Papers“

Aus dem Englischen übersetzt von H. O. Rieble

Zweite, unveränderte Auflage 1974

Einbandgestaltung: Heinz Edelmann
Satz und Druck: Wilhelm Röck, Weinsberg
ISBN 3-12-900730-X

Inhalt

Spannungen in der Gruppe — therapeutisch gesehen
Ihr Studium als Aufgabe der Gruppe[1]

Das Wort „Gruppentherapie" kann zweierlei bedeuten. Es kann einerseits die Behandlung einer Anzahl von Einzelpersonen im Rahmen spezieller therapeutischer Sitzungen bezeichnen oder andererseits ein planmäßiges Bemühen, in einer Gruppe die Kräfte herauszubilden, die zu reibungslosem Zusammenwirken führen.

Bei der Therapie von Einzelpersonen in Gruppensitzungen handelt es sich gewöhnlich um Aufhellung neurotischer Störungen, verbunden mit Beruhigung; manchmal steht die Katharsis eines öffentlichen Bekenntnisses im Mittelpunkt. Bei der Therapie von Gruppen als solchen geht es aber darum, Erfahrung und Kenntnis der Faktoren zu gewinnen, auf denen ein guter Gruppengeist beruht.

Ein Rehabilitationsplan (W. R. B.)

Bei der Behandlung von Einzelpersonen wird die Neurose als Problem der Einzelperson aufgezeigt. Bei der Behandlung einer Gruppe muß sie als Problem der Gruppe aufgezeigt werden. Dieses Ziel setzte ich mir, als mir die Leitung der Rehabilitationsabteilung einer Psychiatrischen Klinik der britischen Armee übertragen wurde. Zunächst mußte ich daher feststellen, welche Auswirkungen dieses Ziel für die Zeiteinteilung und Organisation der Abteilung haben würde.

Ich kam nicht dazu, mich in einer Atmosphäre der Ruhe und Abgeschiedenheit mit dieser Frage zu befassen. Kaum saß ich vor dem Schreibtisch und den Papieren, da stürmten auch schon dringende Probleme auf mich ein, die mir Patienten und andere Plagegeister stellten: Ich sollte zu den Unteroffizieren der Rehabilitationsabteilung sprechen und ihnen erklären, worin ihre Obliegenheiten bestünden. Ich sollte den Soldaten A sprechen, der dringend 48 Stunden Urlaub haben müsse, um einen alten Freund zu begrüßen, der gerade aus dem Nahen Osten zurückgekommen sei. Soldat B dagegen wollte mich sprechen, weil eine unglückselige Zugverspätung ihm als Urlaubsüberschreitung ausgelegt werden könne. Und dergleichen mehr.

---

[1] Mitautor: John Rickman, M. D.

Nachdem ich mich vielleicht eine Stunde lang mit solchen Dingen herumgeschlagen hatte, war mir klar, was hier vonnöten war: Disziplin. Ärgerlich über den Aufschub meiner Arbeit, den ich darin sah, machte ich mich an die Untersuchung dieses Problems.

Disziplin für Neurotiker

Hier waren unter einem Dache drei- bis vierhundert Männer vereint, denen bei ihren Einheiten schon die therapeutischen Segnungen zuteil geworden waren, die in militärischer Disziplin, gutem Essen und regelmäßiger Betreuung liegen; aber das hatte offensichtlich nicht ausgereicht, sie vor der Einweisung in einer Psychiatrische Klinik zu bewahren. In einer Psychiatrischen Klinik bilden solche Charaktere die gesamte Population, und wenn sie bis in die Rehabilitationsabteilung vorgedrungen sind, unterliegen sie nicht einmal mehr so geringfügigen Beschränkungen wie der, im Bett bleiben zu müssen.

Ich kam zu der Überzeugung, hier sei Disziplin von der Art nötig, wie sie ein erfahrener Kommandeur eines etwas verlotterten Bataillons an der Front zustande bringt. Welcher Art aber ist diese Disziplin? Da unbedingt etwas geschehen mußte, suchte und fand ich eine Arbeitshypothese.

Ich gelangte zu der Überzeugung, die erforderliche Disziplin hänge von zwei Hauptfaktoren ab: 1. der Existenz eines Feindes, der eine gemeinsame Gefahr und ein gemeinsames Ziel darstellt; 2. der Existenz eines Offiziers, der sich als erfahrener Mann eigener Schwächen bewußt ist, die Würde seiner Leute achtet und weder ihren guten Willen noch ihre Feindseligkeit fürchtet.

Ein Offizier, der leitender Psychiater einer Rehabilitationsabteilung sein will, muß wissen, was es heißt, eine verantwortungsvolle Stellung in einer Zeit innezuhaben, wenn zu der Verantwortung Fragen von Leben und Tod gehören können. Er muß wissen, was es heißt, Autorität in einer Situation auszuüben, in der die Menschen um ihn herum sich seiner Autorität nur dann fügen können, wenn sie sehen, daß er ihr gewachsen ist. Er muß wissen, was es heißt, in enger emotioneller Beziehung zu seinen Mitmenschen zu leben. Kurz, er muß das Leben kennen, das ein Frontoffizier führt. Ein Psychiater, der das weiß, wird zumindest nicht die widerwärtige Dummheit begehen, die Patienten als Kanonenfutter zu betrachten, das wieder zu den Einheiten zurückzuschicken ist. Er wird seine Aufgabe darin sehen, Menschen mit Selbstachtung heranzubilden, die sozial angepaßt und daher bereit sind, Verantwortung gegenüber der Gemeinschaft zu übernehmen, im Kriege wie im Frieden. Nur auf diese

Weise wird er von den tiefen Schuldgefühlen frei sein, die sonst alle seine Bemühungen um Behandlung zunichte machen würden.

Welche gemeinsame Gefahr drohte den Männern in der Rehabilitationsabteilung? Welches gemeinsame Ziel konnte sie verbinden?

Eine gemeinsame Gefahr war nicht schwer zu entdecken. Neurotische Launen dieser oder jener Art gefährden ständig die Arbeit des Psychiaters oder jeder Anstalt, die der Behandlung neurotischer Störungen dient. Die gemeinsame Gefahr in der Rehabilitationsabteilung war die Existenz der Neurose als Gebrechen der Gemeinschaft.

So stand ich denn wieder an meinem Ausgangspunkt: der Notwendigkeit, bei der Behandlung einer Gruppe die Neurose als Problem der Gruppe aufzuzeigen. Aber meine Abschweifung über das Problem der Disziplin hatte mich auf zwei neue Gedanken gebracht. Die Neurose muß als Gefahr für die Gruppe aufgezeigt werden, und die Gruppe muß irgendwie dazu gebracht werden, ihre Aufdeckung als gemeinsames Ziel zu betrachten.

Wie aber sollte man die Gruppe dazu überreden, neurotische Gebrechen als Gemeinschaftsproblem anzufassen?

Der Neurosepatient hat nicht immer das Verlangen nach Behandlung, und wenn sein Leiden ihn schließlich doch dazu treibt, ist sein Verlangen nicht sehr intensiv. Diese Abneigung ist bei der Erörterung des Widerstandes und verwandter Erscheinungen schon erkannt worden, die Existenz entsprechender Erscheinungen im Rahmen einer Gesellschaft jedoch noch nicht.

Die Gesellschaft hat noch keinen Drang nach Behandlung ihrer psychologischen Störungen mit psychologischen Mitteln verspürt, weil sie noch keine ausreichende Einsicht in die Natur ihres Leidens gewonnen hat. Die Organisation der Rehabilitationsabteilung war demnach so einzurichten, daß sie das Wachsen der Einsicht zumindest nicht behinderte. Noch besser war es, die Organisation so anzulegen, daß sie deutlich sichtbar machte, wie neurotisches Verhalten die Schwierigkeiten der Gemeinschaft verschlimmert, wie es Leistungsfähigkeit und Wohlbefinden zerstört. Wenn sich aufzeigen ließ, daß gemeinschaftliches Leiden ein Nebenprodukt der Neurose ist, dann mußte deutlich werden, daß es sich für die Gemeinschaft lohnte, die Neurose zu beobachten und zu bekämpfen. Das konnte ein Schritt zur Überwindung von Widerständen in der Gesellschaft sein.

Die Rehabilitationsabteilung hatte zwei kleine, aber streng zweckgerichtete Anforderungen der Armee zu erfüllen: Die Organisation sollte, wenn möglich, ein Mittel vorsehen, an dem sich die Fortschritte der Patienten erkennen ließen, so daß der Psychiater feststellen könnte, ob ein

Mann reif zur Entlassung sei. Außerdem war es zweckmäßig, einen Anhaltspunkt für die Interessenrichtung des Patienten und für seine wirksame Motivation zu besitzen, so daß man sich eine Meinung darüber bilden könnte, zu was für einer Art von Dienst er entlassen werden sollte.

Zur Verdeutlichung stellte ich mir die geplante Organisation der Rehabilitationsabteilung als ein Gefüge innerhalb durchsichtiger Wände vor. An einer bestimmten Stelle sollte der Patient in dieses Gehege hineingelangen, und die Betätigungsmöglichkeiten in dem Gehege waren so anzulegen, daß er sich, je nach der Resultante seiner widerstreitenden Impulse, in jeder Richtung frei bewegen könnte. Seine Bewegungen sollten möglichst nicht durch Einwirkung von außen verzerrt werden. Das mußte dazu führen, daß sein Verhalten verläßlichen Aufschluß über seine wirklichen Wünsche und Ziele gab — im Gegensatz zu den Zielen, die er selbst angab oder die er nach der Auffassung des Psychiaters haben sollte.

Es war zu erwarten, daß einige der Betätigungen innerhalb des Geheges ausgesprochen kriegerisch sein würden, andere ebenso ausgesprochen zivil, andere lediglich Ausdruck neurotischer Ohnmacht. Indem man die Fortschritte des Patienten auf der einen oder andern dieser Bahnen beobachtete, mußten sich auch seine „Aktiva und Passiva" (um einen Ausdruck zu benützen, den Major Eric Wittkower auf dem Gebiet der Offiziersauswahl gebraucht hat) mit einiger Objektivität einschätzen lassen. Während er sich auf den einen oder den andern der möglichen Ausgänge aus dem imaginären Gehege zuzubewegen schiene, könnte man sein eigentliches Ziel beurteilen.

Gleichzeitig konnte die Organisation dazu dienen, das Hauptziel der Rehabilitationsabteilung zu fördern: die Erziehung und Ausbildung der Gemeinschaft in den Problemen der interpersonalen Beziehungen. Wenn die Organisation sich dieser theoretischen Konstruktion annähern ließ, dann konnte sie die Mitglieder befähigen, sich gewissermaßen außerhalb des Geheges zu stellen und von dort aus die Probleme seines Betriebes unvoreingenommen und mit wachsendem Verständnis zu betrachten.

Das Experiment

Die Rehabilitationsabteilung, die etwa hundert Mann umfaßte, wurde zum Appell befohlen. Es wurde bekanntgegeben, in Zukunft sollten die folgenden Vorschriften gelten:

1. Jeder hat täglich eine Stunde Leibesübungen zu treiben, wenn er nicht durch ärztliche Bescheinigung davon befreit wird.

2. Jeder muß einer oder mehreren Gruppen angehören — Arbeitsge-

meinschaften für Bastelarbeiten, Armee-Fernkurse, Schreinerei, Kartenlesen, Sandkastenübungen usw.

3. Jeder hat die Möglichkeit, eine neue Gruppe aufzustellen, wenn noch keine Gruppe für die gewünschte Tätigkeit besteht oder wenn er sich einer schon bestehenden Gruppe dieser Art aus irgendeinem Grunde nicht anschließen kann.

4. Wer sich nicht imstande fühlt, am Betrieb seiner Gruppe teilzunehmen, muß in den Ruheraum gehen.

5. Der Ruheraum steht unter Aufsicht eines Sanitäters. Dort muß es still sein, damit gelesen und geschrieben werden kann; auch Brettspiele (z. B. Dame) sind erlaubt. Mit Erlaubnis des Sanitäters ist leises Sprechen gestattet, doch darf es andere Patienten nicht stören. Liegen stehen zur Verfügung, so daß jeder, der sich zu keinerlei Betätigung imstande fühlt, sich hinlegen kann. Der Sanitäter erfaßt die Namen aller, die sich im Ruheraum aufhalten, regelmäßig in einer Liste.

Außerdem wurde angekündigt, daß jeden Mittag um 12.10 Uhr ein Appell stattfinde, bei dem dienstliche Mitteilungen ausgegeben und andere Angelegenheiten der Abteilung erledigt werden sollten. Ohne daß die Patienten es wußten, sollte diese Versammlung, streng begrenzt auf dreißig Minuten, den Männern eine Gelegenheit bieten, aus ihrer Umgebung herauszutreten und den Tagesbetrieb gleichsam als Zuschauer zu betrachten. Kurz, sie war als erster Schritt zur Vorbereitung therapeutischer Seminare gedacht.

In den ersten paar Tagen tat sich wenig; aber es war zu erkennen, daß allerlei Überlegungen und Diskussionen unter den Patienten eingesetzt hatten. Die ersten Mittagsversammlungen waren nicht viel mehr als Versuche, die auftauchenden Vorschläge auf ihre Ernsthaftigkeit zu prüfen; danach begannen die Gruppen sich tatsächlich zu formieren.

Einer der nächstliegenden Gedanken war der einer Planungsgruppe zur Ausarbeitung der Zeitpläne für die Gruppen, Zuteilung der Räumlichkeiten, Vorbereitung von Bekanntmachungen, Verteilung von Eintrittskarten für kostenlose Veranstaltungen und dergleichen. Auf einer Arbeitstafel zeigten Fähnchen die Beschäftigung jedes einzelnen Mannes in der nun rasch wachsenden Abteilung an, und nach kurzer Zeit hatte der Planungsraum mit den bunten Fähnchen, deren Farbenmuster der Phantasie der Patienten zu verdanken waren, etwas von einer Frühlingslandschaft. Jemand hatte den Einfall, auch eine Anzahl von Fähnchen mit Totenköpfen anzufertigen und für solche Herren bereitzuhalten, die sich etwa zu unerlaubter Entfernung von der Truppe gedrängt fühlten.

Die Existenz dieser eindrucksvollen Übersichtstafel gab Anlaß zu einem Vorgang, der wahrscheinlich den ersten bedeutenden Ansatz zu therapeutischem Zusammenwirken bei einem Mittagsappell darstellte. Ich pflegte beim Rundgang durch die Gruppen den einen oder andern Mann von seiner Beschäftigung wegzuholen und mitzunehmen, „um mal zu sehen, was die andern treiben“. So konnte ich den Versammelten eine interessante Tatsache mitteilen, die meine Begleiter und ich beobachtet hatten: Es gab zwar eine ganze Reihe von Gruppen, und jeder hatte nahezu völlige Freiheit, seinen persönlichen Neigungen nachzugehen, sofern er einen praktischen Vorschlag machen konnte — und doch war nur sehr wenig los. In der Schreinerwerkstatt war vielleicht nur ein Mann, höchstens zwei, ebenso in der Autowerkstatt; kurz — so bemerkte ich — es sehe beinahe so aus, als sei die Rehabilitationsabteilung eine Fassade, hinter der nichts stecke. Dies, sagte ich, sei merkwürdig, denn vorher hätten sich doch die Patienten in der Abteilung bei mir bitter über den „faulen Zauber“ beim Militär beklagt. Daß es so etwas auch in der Rehabilitationsabteilung gebe, scheine daher wirklich Untersuchung und Erörterung zu verdienen.

Bei diesen Ausführungen machten die Zuhörer Gesichter, als hätten sie das Gefühl, ich wolle ihnen „dumm kommen“. Daraufhin forderte ich sie zur allgemeinen Diskussion dieser Frage auf, da sie in der gemeinschaftlichen Verantwortung liege und nicht nur mich als Offizier angehe.

Erstaunlich schnell wurde die Rehabilitationsabteilung selbstkritisch. Die Bewegungsfreiheit, die der ursprüngliche Plan gestattete, ließ die Merkmale einer Gemeinschaft von Neurotikern mit peinlicher Deutlichkeit hervortreten. Innerhalb weniger Tage wurden Klagen darüber laut, die Stationen (die bis dahin angeblich immer tadellos sauber gewesen waren) seien schmutzig und ließen sich bei dem gegenwärtigen System einer regelmäßigen Reinigungsstunde nicht sauberhalten. Es wurde vorgeschlagen und genehmigt, unter der Verantwortung der Planungsgruppe eine „Reinigungsgruppe“ zu organisieren, deren Aufgabe es sein sollte, die Stationen den ganzen Tag über sauberzuhalten. So geschah es, und bei der nächsten wöchentlichen Inspektion äußerte sich der Kommandeur des Lazaretts befriedigt über den sichtlichen Fortschritt in der Sauberhaltung.

Einige Ergebnisse

Es ist unmöglich, die therapeutische Wirkungsweise der Organisation im einzelnen zu beschreiben; aber zwei Beispiele für Methode und Resultat sollen doch erwähnt werden,

Kurz nach der Einführung der neuen Regelung begannen die Klagen darüber, daß Patienten die Lässigkeit der Organisation ausnützten. „Nur zwanzig Prozent der Männer", sagte man, „machen mit und strengen sich wirklich an; die andern achtzig Prozent sind weiter nichts als Drückeberger." Nicht nur wimmele es im Ruheraum oft von Leuten, die einfach herumlungerten, sondern selbst davor drückten sich einige. Das wußte ich schon, lehnte es aber — jedenfalls nach außen hin — ab, meinerseits etwas dagegen zu unternehmen. Statt dessen erwähnte ich, vor einigen Wochen sei bei einer Tagung des Armeebüros für aktuelle Fragen gerade diese Frage zur Sprache gekommen: nämlich die Existenz solcher Außenseiter in Gemeinschaften (und in diesem Falle hatte es sich um Sowjetrußland gehandelt) und das Problem, das sie für die Gesellschaft darstellten. Ich fragte, warum sie sich darüber ärgerten und wunderten, wenn sie feststellten, daß auch die Rehabilitationsabteilung unter dem gleichen Problem litt.

Mit dieser kühlen Antwort waren die Beschwerdeführer nicht zufrieden. Sie wollten, daß solche Leute bestraft oder anders angefaßt würden. Darauf erwiderte ich, auch sie, die Beschwerdeführer selbst, hätten doch zweifellos neurotische Symptome, denn sonst wären sie schließlich nicht im Lazarett. Warum, fragte ich, sollte es für ihre Krankheitserscheinungen und die Krankheitserscheinungen jener achtzig Prozent zweierlei Behandlungsformen geben? Schließlich sei das Problem der „achtzig Prozent" nicht neu; im Zivilleben hätten Richter, Bewährungshelfer, Fürsorger, Geistliche und Staatsmänner alle versucht, etwas dagegen zu unternehmen, zum Teil durch disziplinarische Maßnahmen und Strafen. Doch die „achtzig Prozent" gebe es immer noch. Hatte man vielleicht das Wesen des Problems noch nicht völlig geklärt und wollten sie — die Beschwerdeführer — nicht überstürzt ein Heilmittel anwenden, ehe noch eine Diagnose des Leidens vorliege? Das Problem, sagte ich, betreffe anscheinend nicht nur die Rehabilitationsabteilung oder selbst die Armee allein, sondern habe größte Bedeutung für die Gesellschaft insgesamt. Ich schlug vor, sie sollten sich damit befassen und neue Vorschläge unterbreiten, wenn sie den Eindruck hätten, sie seien einer Lösung auf der Spur.

An dieser Stelle sei bemerkt, daß meine Entschlossenheit, keine Lösung eines Problems zu versuchen, solange es nicht deutlich abgegrenzt war, nach einer Periode lebhafter und gesunder Ungeduld wirklich die Überzeugung herbeiführen half, es liege in der Absicht, daß die Einheit ihre Aufgabe mit gleichsam wissenschaftlichem Ernst anfasse. Einer meiner Kritiker wandte ein, ein solches Verfahren geduldiger Beobachtung könne, wenn überhaupt, doch nur äußerst langsam zu Resultaten führen. Man hielt ihm entgegen, er selbst habe doch erst wenige Tage zuvor bemerkt, die militärische Disziplin und Haltung der Rehabilitationsabteilung habe sich in nur einem Monat derart gebessert, daß sie kaum wiederzuerkennen sei.

Das zweite Beispiel zeigt die Entwicklung einer Idee vom Stadium ziemlich unsinniger neurotischer Impulse zu praktischer, sinnvoller Tätigkeit.

Die weitaus größte Gruppe der Männer schlug die Einführung eines Tanzunterrichts vor. Dabei sprach sicherlich die Absicht mit, mein Versprechen, jegliche Gruppentätigkeit solle ermöglicht werden, auf die Probe zu stellen. Aber zugleich verriet dieser Vorschlag nur allzu deutlich das rührende Minderwertigkeitsgefühl von Männern, die nicht am Kampf teilnahmen, gegenüber Frauen.

Sie wurden aufgefordert, konkrete Vorschläge zu machen. Die einzelnen Stadien, in denen das geschah, brauchen uns hier nicht zu beschäftigen; schließlich jedenfalls fand der Unterricht statt, und zwar in den Abendstunden, die gewöhnlich unterhaltenden Veranstaltungen gehörten. Auf Wunsch der Männer selbst wurde er auf diejenigen beschränkt, die überhaupt noch nicht tanzen konnten, und Personal vom Heereshilfsdienst erteilte den Unterricht. Kurz, aus einer zunächst ganz unsinnigen Idee, die im Widerspruch zu jedem ernsthaften militärischen Zweck und, mitten im Kriege, zum sozialen Verantwortungsgefühl gegenüber dem Volke zu stehen schien, wurde schließlich eine harmlose und ernsthafte Lehrstunde am Feierabend. Außerdem hatten die Betreffenden sich an den Kommandeur, die Offiziere und das Personal des Heereshilfsdienstes wenden müssen — einesteils im Sinne der Dienstvorschriften, zum andern aus Gründen der Höflichkeit.

Inzwischen hatten sich die Mittagsappelle sehr rasch zu sachlichen, lebhaften und konstruktiven Zusammenkünften entwickelt — und dies obwohl die Abteilung jetzt starken Zuwachs durch Patienten erhielt, denen die Organisation noch neu war, während andere durch Entlassung ausschieden — oft gerade dann, wenn sie sehr nützlich geworden waren.

Innerhalb eines Monats nach der Einführung des Planes hatten sich große Veränderungen vollzogen. War es anfangs beinahe schwierig gewesen, Beschäftigung für die Männer zu finden, so war es nach Ablauf des Monats schwierig, Zeit für die Arbeiten zu finden, die sie unternehmen wollten. Der Gruppenbetrieb erstreckte sich zum Teil schon weit über die normale Dienstzeit hinaus. Urlaubsüberschreitungen kamen eine ganze Weile überhaupt nicht vor, und in der gesamten Zeit gab es nur einen einzigen Fall dieser Art. Bei Patienten außerhalb der Rehabilitationsabteilung kam der Wunsch auf, zu ihr versetzt zu werden, und trotz der wechselnden Population herrschte in der Abteilung ein unverkennbarer Korpsgeist, der sich in solchen Einzelheiten wie z. B. in dem Schneid zeigte, mit dem die Männer Haltung annahmen, wenn bei den Mittagsappellen Offiziere den Raum betraten. Zu den Offizieren verhielten sich die Männer freundlich und willig. Sie waren bemüht, Verständnis und Unterstützung der Offiziere für Konzerte und andere Vorhaben der Abteilung zu gewinnen. Im Hintergrund stand unverkennbar das Gefühl, daß Offiziere wie Mannschaften mit einer lohnenden und wichtigen Aufgabe beschäftigt seien, wenn auch die Männer das Wesen dieser Aufgabe noch nicht völlig erfaßt hatten. Die Atmosphäre erinnerte an die einer Einheit einer Armee unter dem Kommando eines Generals, zu dem seine Leute Vertrauen haben, auch wenn sie seine Pläne nicht kennen können.

Kommentar

Aus einem Experiment, das im ganzen nur sechs Wochen dauerte, kann man nicht allzuviele Schlüsse ziehen. Manchen Fragen, die sich stellten, konnte man in dieser Zeit nicht richtig nachgehen; andere ließen sich nicht offen diskutieren, da ja der Krieg noch im Gange war.

Deutlich war, daß die Männer bei den Mittagsversammlungen immer mehr ihre Fähigkeit zum Ausdruck zu bringen suchten, Fühlung mit der Realität zu gewinnen und ihre Beziehungen untereinander und zu ihren Aufgaben zweckmäßig zu regeln. Die Notwendigkeit, gruppentherapeutische Seminare einzurichten, war deutlich geworden, und zuverlässige Voraussetzungen zu ihrer Einrichtung schienen geschaffen zu sein.

Die ganze Konzeption der „Beschäftigung“ in der Rehabilitationsabteilung zum Zwecke des Studiums und der Einübung interpersoneller Beziehungen innerhalb einer Gruppe schien als therapeutische Methode reichlich gerechtfertigt. Wer aus eigener Anschauung gute Kampftruppen im Felde kennt, dem wären gewiß manche Ähnlichkeiten in der Einstellung solcher Einheiten mit denen in der Rehabilitationsabteilung aufgefallen. In dieser Hinsicht konnte man den Versuch als nutzbringend betrachten; doch es waren auch einige Lehren daraus zu ziehen.

Dazu gehörten ernste Zweifel, ob ein Lazarettmilieu zur Psychotherapie geeignet ist. Man konnte sich eine Einrichtung vorstellen, die wohl besser als psychiatrische Rehabilitationseinheit zu bezeichnen wäre, und wirklich war auch einiges zur Herausbildung einer solchen Einheit und eines *modus operandi* für sie geschehen. Auch für den Psychiater gab es Gründe, seine Auffassungen abzuändern. Wenn Gruppentherapie Erfolg haben soll, muß wohl der Psychiater die Einstellung und das intuitive Verständnis eines guten Truppenkommandeurs besitzen. Sonst wird immer ein gewisser Verdacht bestehen bleiben, daß im Endeffekt die Feldoffiziere doch die besseren Psychiater sind und bessere Resultate erzielen als jene, die sich den schmalen Pfaden der Individualtherapie verschrieben haben.

Schließlich mag noch einmal darauf hingewiesen werden, daß die Gesellschaft, ebenso wie der Einzelne, vielleicht nicht geneigt ist, ihre Störungen psychologisch behandeln zu lassen, ehe sie nicht zu der Einsicht gelangt ist, daß zumindest manche dieser Störungen psychologischen Ursprungs sind. Die Gemeinschaft der Rehabilitationsabteilung mußte sich dieser Tatsache erst bewußt werden, ehe ihre Energie in vollem Umfange zur Selbstheilung freigesetzt werden konnte. Was für die kleine Gemeinschaft der Rehabilitationsabteilung galt, mag sehr wohl auch für die Gemeinschaft insgesamt gelten, und vielleicht ist weitere Einsicht nötig, ehe entschiedene Unterstützung für diejenigen zu erreichen ist, die auf diesem Wege die Seelenlage des Volkes zu behandeln versuchen.

Anwendung der Gruppentherapie in einer kleinen Station (J. R.)

Ein Versuch zur Anwendung der Gruppentherapie im neueren Sinne bei Patienten einer Station mit vierzehn bis sechzehn Betten wurde in der Lazarettabteilung der gleichen Anstalt angestellt. Zunächst sprach der Psychiater mit jedem Patienten, um in der üblichen Weise seine persönliche Vorgeschichte aufzunehmen. Darauf folgten allmorgendliche Gruppendiskussionen, dann der einstündige Übungsmarsch, und danach konnten die Patienten, wenn sie in die Station zurückkehrten, den Psychiater in seinem Zimmer aufsuchen, um einzeln mit ihm über das Thema der Gruppendiskussion, das gewöhnlich auch das Gesprächsthema während des Übungsmarsches gewesen war, und über ihre persönlichen Gefühle dabei zu sprechen.

Bei den therapeutischen Unterredungen ging es vor allem darum, daß es ihnen persönlich schwerfiel, während ihrer Zugehörigkeit zur Gruppe dem Wohl der Gruppe den Vorrang einzuräumen. Zu den Themen der Gruppendiskussionen gehörten die folgenden:

a) Der Aufenthalt in dieser Station ist vorübergehend, denn ständig werden einige Patienten in die Rehabilitationsabteilung verlegt, während dafür andere aus der Aufnahmestation übernommen werden. Wie soll man dieser sich ständig wandelnden Situation begegnen? Wir — der Unterschied zwischen Arzt und Patienten, Offizieren und anderen Dienstgraden war ein besonderes Thema — müssen uns auf Neulinge in unserer Gruppe einstellen, denen unser Verhältnis zu „unserer Station“ gar nichts bedeutet; wir können sie entweder als Außenseiter betrachten oder aber als noch nicht völlig angepaßte Mitglieder. Ähnlich ist es mit denen, die in die Rehabilitationsabteilung übergehen: Sie müssen wissen, daß sie weder die Einstellung der Gruppe in der Station für immer beibehalten noch die viel umfangreichere Rehabilitationsabteilung in ihre Stationsgruppe einbeziehen können; sie stehen also vor der Notwendigkeit, sich in den neuen Gruppierungen einen Platz zu suchen und ihre Erlebnisse aus der Station nur noch als Erinnerungen zu bewahren — hoffentlich nützliche Erinnerungen. Ferner ist zu bedenken, ob die Patienten aus der Rehabilitationsabteilung weiterhin an den täglichen Gruppendiskussionen der Station teilnehmen sollen. Die Frage dabei ist nicht, welchen Nutzen sie daraus ziehen können (denn es ist kaum zu bezweifeln, daß diese Diskussionen zu den interessantesten Erlebnissen gehören, die wir jemals gehabt haben); die Frage ist vielmehr, ob sie, weil sie aus einer andern Gruppenformation kommen oder aber ihren Kontakt mit der Station verloren haben, nicht ablenkend auf die wirken könnten, die gerade erst in der Stationsgruppe Fuß fassen.

b) Inwieweit sollen die Unterschiede der „draußen" erworbenen Dienstgrade das Verhalten der Gruppenmitglieder untereinander während ihres Aufenthaltes in der Station bestimmen? Wird Gleichberechtigung durchführbar sein? Oder ist es besser, zwar den draußen erworbenen Dienstgrad nicht zu vergessen, aber in Erwägung zu ziehen, welche Äquivalente für Dienstgrade sich während des Aufenthaltes in der Station ergeben, und gegebenenfalls über die Grundlage dieser Äquivalente nachzudenken?

c) Was führt zu Unzufriedenheit in der Station? Ist es etwas, das für den Krieg und für jede Lazarettstation eigentümlich ist oder für jede Gemeinschaft von Menschen?

d) Was führt zu Glück und Zufriedenheit in der Station? Liegt der Grund darin, daß es für die freie Entfaltung des Einzelnen kein anderes Kriterium gibt als den ungehinderten Ausdruck seines persönlichen Strebens — oder müssen zuvor erst die Forderungen der Station an den Einzelnen anerkannt werden? Sind diese beiden Gesichtspunkte grundsätzlich unvereinbar — und, wenn ja, gilt das für alle Stationsangehörigen oder nur für einige? Wenn es nur für einige gilt — was ist die Ursache? Handelt es sich um eine Eigenschaft, die ihr ganzes Leben hindurch anhält, oder ist sie zu gewissen Zeiten stärker als sonst? Wenn die Eigenschaft veränderlich ist — kann die Station sie mildern, ohne daß nun diejenigen unterdrückt werden, die so veranlagt sind?

Diese Art, Neurosen zu behandeln, hatte beträchtliche Folgen. Die Leute waren bereit und mitunter geradezu begierig, die sozialen Auswirkungen von Persönlichkeitsproblemen sowohl öffentlich wie im Einzelgespräch zu erörtern. Der Neurotiker gilt gewöhnlich als ich-bezogen und kooperativen Bestrebungen abgeneigt; aber das liegt vielleicht daran, daß er selten in eine Umgebung kommt, in der jedes einzelne Mitglied hinsichtlich der interpersonalen Beziehungen in der gleichen Lage ist.

Das Experiment wurde infolge von Versetzungen abgebrochen, so daß ich keine klinischen oder statistischen Resultate mitteilen kann; doch es schien zu zeigen, daß es dem Kliniker möglich ist, die Aufmerksamkeit auf die Struktur einer Gruppe und die in dieser Struktur wirksamen Kräfte zu lenken, ohne den Kontakt mit seinen Patienten zu verlieren, und ferner, daß bei diesem Verfahren unter Umständen Angstgefühle innerhalb und außerhalb der Gruppe geweckt werden.

Schlußfolgerungen

Wir sind jetzt besser in der Lage, den „guten Gruppengeist" zu definieren, auf den es uns ankam. Er ist ebenso schwer zu definieren wie der Begriff der Gesundheit eines Individuums; aber einige seiner Eigenschaften scheinen mit folgenden Faktoren zusammenzuhängen:

a) Ein gemeinsames Ziel, sei es der Sieg über einen Feind oder die Verteidigung und Förderung eines Ideals oder eine konstruktive Arbeit zur Förderung sozialer Beziehungen und äußerer Annehmlichkeiten.

b) Die von den Gruppenmitgliedern gemeinsam vollzogene Anerkennung der „Grenzen" der Gruppe und ihrer Position und Funktion gegenüber denen größerer Einheiten oder Gruppen.

c) Die Fähigkeit, Mitglieder zu verlieren oder neue aufzunehmen, ohne einen Verlust der Gruppenindividualität zu befürchten — mit andern Worten: der „Gruppencharakter" muß elastisch sein.

d) Das Fehlen von Untergruppen mit starren (d. h. andere ausschließenden) Grenzen. Wenn eine Untergruppe existiert, darf sie nicht auf sich selbst oder eines ihrer Mitglieder zentriert sein und andere Angehörige der Hauptgruppe so behandeln, als gehörten sie nicht in den Rahmen der Hauptgruppe, und der Wert der Untergruppe für die Funktion der Hauptgruppe muß allgemein anerkannt sein.

e) Jedes einzelne Mitglied wird wegen seines Beitrages zur Gruppe geschätzt und hat in ihr Bewegungsfreiheit, die nur durch die von der Gruppe geschaffenen und allgemein anerkannten Bedingungen beschränkt wird.

f) Die Gruppe muß in der Lage sein, Unzufriedenheit innerhalb der Gruppe hinzunehmen, und Mittel besitzen, mit ihr fertigzuwerden.

g) Die Mindestgröße der Gruppe beträgt drei Mitglieder. Zwischen zwei Mitgliedern herrschen persönliche Beziehungen; bei drei oder mehr Personen tritt eine qualitative Änderung ein (interpersonale Beziehung).

Diese Experimente in der Rehabilitationsabteilung einer psychiatrischen Neuroseklinik der britischen Armee deuten darauf hin, daß eine weitere Untersuchung der Struktur von Gruppen und des Wechselspiels von Kräften innerhalb der Gruppen nötig ist. Die Psychologie und die Psychopathologie haben sich auf das Individuum konzentriert und dabei oft das gesellschaftliche Feld außer acht gelassen, zu dem das Individuum gehört. Das Wechselspiel von Individual- und Sozialpsychologie als gleichwertiger, ineinandergreifender Elemente stellt ein lohnendes Studiengebiet für die Zukunft dar.

Erfahrungen in Gruppen

1

Anfang 1948 bekam ich vom Wissenschaftlichen Beirat der Tavistock-Klinik in London den Auftrag, die Leitung therapeutischer Gruppen zu übernehmen und dabei meine eigene Technik anzuwenden. Ich wußte zwar nicht recht, was damit gemeint war, aber offensichtlich war der Beirat der Ansicht, ich hätte schon früher therapeutische Gruppen geleitet. Das war insofern richtig, als ich Erfahrung darin hatte, Gruppen von Patienten nach Möglichkeit dazu zu bringen, die Untersuchung ihrer Spannungen zu einer Gruppenaufgabe zu machen, und ich nahm an, der Beirat meine, das solle ich auch jetzt wieder tun. Ich war einigermaßen bestürzt, daß der Beirat zu glauben schien, in derartigen Gruppen könnten Patienten Heilung finden. Ich mußte von vornherein denken, er erwarte von den Vorgängen in Gruppen, denen ich angehörte, etwas ganz anderes als ich. Der einzige Heilerfolg, den ich mit Sicherheit verzeichnen konnte, betraf ein verhältnismäßig geringfügiges Symptom bei mir selbst: nämlich den Glauben, daß Gruppen meine Bemühungen freundlich aufnehmen könnten.

Ich erklärte mich jedoch bereit. Das hieß, eines schönen Tages würde ich mit acht oder neun andern Menschen in einem Zimmer sitzen — manchmal mehr, manchmal weniger, manchmal Patienten, manchmal andere Leute. Wenn die Gruppenangehörigen keine Patienten waren, stand ich oft vor einem eigenartigen Dilemma. Ich will beschreiben, was da vor sich geht.

Zur festgesetzten Zeit finden sich die Teilnehmer einer nach dem andern ein. Einzelne wechseln ein paar Worte miteinander, und dann, wenn eine gewisse Anzahl beisammen ist, wird es still in der Gruppe. Nach einer Weile bricht wieder sprunghaftes Geplauder aus; dann wird es abermals still. Es wird mir klar, daß die Aufmerksamkeit der Gruppe irgendwie auf mich gerichtet ist. Überdies empfinde ich mit einem gewissen Unbehagen, daß man irgend etwas von mir erwartet. An dieser Stelle vertraue ich der Gruppe meine Besorgnisse an. Meine Einstellung möge zwar falsch sein, sage ich, aber das seien jedenfalls meine Empfindungen.

Ich stelle bald fest, daß meine Mitteilung keine sehr freundliche Aufnahme findet. Man ist geradezu etwas entrüstet darüber, daß ich solche Gedanken zum Ausdruck gebracht habe, anscheinend ohne mir darüber im klaren zu sein, daß die Gruppe das Recht hat, etwas von mir zu erwarten. Ich bestreite das nicht, begnüge mich aber mit dem Hinweis, offenbar bekomme die Gruppe von mir nicht, was sie mit Fug und Recht glaube erwarten zu dürfen. Ich frage mich, was für Erwartungen das sind und wodurch sie hervorgerufen worden seien.

Die Gutwilligkeit der Gruppe, obzwar auf eine harte Probe gestellt, macht es ihr doch möglich, mir einige Informationen zu geben. Die meisten Teilnehmer haben gehört, ich würde die Gruppe leiten; einige sagen, ich stünde in dem Rufe, etwas von Gruppen zu verstehen; einige meinen, ich müsse erklären, was wir machen würden; einige haben gedacht, es solle so etwas wie ein Seminar oder vielleicht ein Vortrag sein.

Als ich darauf aufmerksam mache, daß diese Vorstellungen doch wohl auf Hörensagen beruhen, scheint man das Gefühl zu haben, ich wolle meine hervorragenden Qualitäten als „Gruppenleiter" leugnen. Ich habe den Eindruck und spreche ihn auch aus, daß die Gruppe offensichtlich gewisse gute Vorstellungen und Erwartungen mit mir verknüpfe und nun mit tiefer Enttäuschung feststelle, daß sie nicht zuträfen. Die Gruppe ist nicht davon abzubringen, daß ihre Erwartungen richtig seien und daß mein Verhalten sie bewußt und vorsätzlich enttäusche — mit anderen Worten: daß ich mich auch anders verhalten könne, wenn ich wolle, und mich nur aus Mutwillen so verhielte. Ich weise darauf hin, die Gruppe scheue sich vor der Einsicht, daß gerade dies doch meine Methode im Umgang mit Gruppen sein möge oder daß man mir wenigstens gestatten solle, sie auf diese Weise zu „leiten".

An dieser Stelle glaube ich dem Gespräch entnehmen zu können, daß die Gruppe den Kurs geändert hat.

In der Wartepause, während die Gruppe sich auf ihren neuen Kurs einstellt, kann ich vielleicht versuchen, dem Leser eine Erklärung für ein Verhalten zu geben, über das er sich mittlerweile ebenso wundern mag wie die Gruppe. Ich würde selbstverständlich nicht daran denken, das in einer Gruppensitzung zu tun; aber der Leser ist in einer anderen Lage als der Gruppenteilnehmer, dem ja selbst viel mehr Anhaltspunkte zur Verfügung stehen als nur das geschriebene Wort.

Etliche Fragen mögen sich beim Leser eingestellt haben: Er mag meine Haltung gegenüber der Gruppe künstlich naiv und gewiß auch egoistisch finden. Warum soll man einer Gruppe zumuten, über so unwesentliche Dinge wie die Persönlichkeit, Lebensgeschichte, Laufbahn usw. eines bestimmten Individuums zu reden? Irgendeine erschöpfende Antwort auf solche Fragen kann ich nicht geben, will aber einstweilen sagen, daß ich nach meiner Auffassung nicht die Gruppe gezwungen habe, über mich zu reden — obwohl sie zweifellos gezwungen war, über mich zu reden. Wie unwesentlich es für den Zweck der Zusammenkunft auch scheinen mag, ich hatte jedenfalls den Eindruck, daß die Beschäftigung mit meiner Persönlichkeit sich von selbst aufdrängte, auch wenn das der Gruppe oder mir selbst gar nicht lieb sein mochte. Ich sprach lediglich aus, was nach meiner Ansicht vor sich ging. Natürlich kann man einwenden, ich hätte ja diese Situation heraufbeschworen, und das ist zugegebenermaßen durchaus denkbar, obwohl ich es nicht glaube. Aber selbst wenn meine Beobachtungen zutreffen, so kann man wohl fragen, was für einen Nutzen es haben kann, sie auszusprechen. Ich weiß es nicht. Ich bin mir auch nicht ganz über den Charakter solcher Beobachtungen im klaren. Der Gedanke läge nahe, sie nach psychoanalytischem Vorbild als Deutungen der Gruppenübertragung zu bezeichnen; aber ich glaube, jeder Psychoanalytiker würde mir zustimmen, daß sehr viel Material aus Gruppen ausgewertet werden müßte, ehe sich eine solche Bezeichnung rechtfertigen ließe. Doch ich kann jedenfalls vorbringen, daß man derartige Beobachtungen spontan und ganz natürlich im Alltagsleben macht, daß wir es gar nicht vermeiden können, sie — unbewußt, wenn nicht bewußt — zu machen, und daß es sehr nützlich wäre, wenn wir bei derartigen Beobachtungen das Gefühl haben könnten, sie entsprächen den Tatsachen. Was wir für die Einstellung einer Gruppe zu uns selbst halten, hat ständig Einfluß auf uns, und von unserer Vorstellung darüber lassen wir uns bewußt oder unbewußt bestimmen. Selbstverständlich heißt das nicht, daß man es ausposaunen soll, wie ich es — nach meiner bisherigen Darstellung — in der Gruppensitzung getan habe. Ich gestehe, das muß einen sonderbaren Eindruck machen, obwohl — sofern ein Analogiefall angeführt werden muß — jedermann gewisse Menschentypen kennt, die sich in dieser Weise benehmen, besonders solche, die dazu neigen, sich verfolgt zu fühlen. Nicht gerade eine angenehme Analogie, wird der Leser denken, und es wird sich bald herausstellen, daß auch die Gruppe dieser Meinung ist. Aber zurück zu der Gruppe und ihrer Kursänderung.

Als erstes fällt uns die Verbesserung der Atmosphäre auf. Herr X, ein Mann mit gewinnendem Wesen, hat die tonangebende Rolle in der Gruppe übernommen und ist bereits dabei, die unerfreuliche Lage, die ich geschaffen habe, wieder in Ordnung zu bringen. Aber wenn ich etwa den Eindruck erweckt habe, wir könnten diese Gruppe von außen her beobachten, so wäre das irrig; denn Herr X, dem das Wohlergehen der Gruppe am Herzen liegt, wendet sein Augenmerk ganz mit Recht der Quelle des Verdrusses zu, und seiner Ansicht nach bin ich das. Wie man sieht, wendet er sich sehr geschickt sogleich denjenigen Elementen in seiner Gruppe zu, die Stimmung und Geselligkeit zu zersetzen drohen. Er fragt mich also geradeheraus, worauf ich hinauswolle und weshalb ich mein Verhalten nicht schlicht und einfach erklären könne. Ich kann nur um Verzeihung bitten und sagen, ich hätte das Gefühl, daß die Feststellung, ich wolle Gruppenspannungen untersuchen, wahrscheinlich eine ganz unzureichende Angabe meiner Beweggründe sei, könne aber sonst nichts zur Lösung seines Problems beitragen. Er findet viel Zustimmung in der Gruppe, als er nach dieser sehr unbefriedigenden Antwort dazu übergeht, einige andere zu befragen, die gutwilliger und offenherziger zu sein scheinen als ich. Allerdings scheint mir die Gruppe nicht recht bereit zu sein, sich seiner Führung rückhaltlos anzuvertrauen. Die Andersdenkenden scheinen sich mit dem Gedanken getröstet zu haben, der Beirat der Tavistock-Klinik müsse wohl irgendeinen plausiblen Zweck im Auge gehabt haben, als er mir die Leitung der Gruppe übertrug; sie machen den Eindruck, als seien sie — ihren bisherigen Beobachtungen zum Trotz — entschlossen, zu glauben, daß das Erlebnis einer von mir geleiteten Gruppe an und für sich von Wert sei.

Immerhin hat Herr X einigen Erfolg. Herr Y sagt ihm, er sei Bewährungshelfer und sei gekommen, um wissenschaftliche Kenntnisse über Gruppen zu gewinnen, denn er meint, das sei für ihn von Wert. Herr R hat zwar nicht beruflich damit zu tun, hat sich aber schon immer für das wissenschaftliche Studium von Gruppen interessiert. Herr X, Herr Y und Herr R verraten einiges über sich selbst und legen dar, warum sie glauben, eine wissenschaftliche Beschäftigung mit dem Thema sei für sie von Nutzen.

Aber nun scheinen Schwierigkeiten aufzutreten. Andere Teilnehmer sind nicht so mitteilungswillig wie Herr Y und Herr R. Außerdem ist eine gewisse Verstimmung darüber zu spüren, daß Herr X überhaupt die Führung übernommen hat. Die Antworten werden ausweichend, und es sieht so aus, als seien selbst die Fakten, die schon herausgekommen sind, nicht ganz die, die gewünscht wurden. Das Gespräch zerflattert, und ich beginne zu spüren, daß ich abermals im Mittelpunkt der Unzufriedenheit stehe. Ohne recht zu wissen, warum, bemerke ich, im Grunde wolle die Gruppe wissen, aus welchen Motiven ich anwesend sei, und da meine Motive sich nicht herausgestellt hätten, gebe sie sich mit keinem Ersatz dafür zufrieden.

Meine Deutung findet sichtlich wenig Anklang. Einige wollen wissen, weshalb ich die Neugier, die doch wohl verständlich sei und keiner weiteren Erklärung bedürfe, durchaus auf mich persönlich beziehen wolle. Anscheinend mißt man der Auffassung, die ich ausspreche, sehr wenig Bedeutung im Sinne einer möglichen Erklärung der Vorgänge bei. Mir scheint, sie wird entweder gar nicht beachtet oder aber als Anzeichen einer verschrobenen Einstellung meinerseits betrachtet. Obendrein bin ich keineswegs überzeugt, daß meine Bemerkung, auch wenn sie noch so richtig sein mag, wirklich die zweckmäßigste ist, die ich im Augenblick machen kann. Aber ich habe sie nun einmal gemacht und schicke mich an, die Folgen zu beobachten.

Diese karge Darstellung wird allerdings dem emotionalen Zustand der Gruppe an diesem Punkt nicht gerecht. Herr X ist offenbar bekümmert darüber, daß seine Initiative so schlechte Aufnahme findet, und die übrigen scheinen mehr oder weniger mißvergnügt zu sein. Ich meinerseits muß bekennen, daß mir diese Reaktion aus allen Gruppen, denen ich angehört habe, vertraut ist. Ich kann sie daher nicht einfach als eine Eigentümlichkeit gerade dieser Gruppe abtun. Was immer die Gruppe über Herrn X denken mag, mir ist klar, daß sie mich mit wesentlich ernsthafterem Unbehagen betrachtet. Insbesondere habe ich den Verdacht, daß Zweifel an meiner Persönlichkeit und vor allem an meiner Fähigkeit zu menschlichen Beziehungen und daher an meiner Eignung für die Aufgabe, die ich hier erfüllen soll, bestehen. In der Gruppe, mit der wir uns im Augenblick beschäftigen, hat die Unzufriedenheit mit der Lage der Dinge und besonders mit meinem Anteil an der Herbeiführung dieses Zustandes sich so verdichtet, daß mir sogar der Fortbestand der Gruppe zweifelhaft wird. Einige unangenehme Augenblicke bereitet mir die Befürchtung, es werde damit enden, daß ich dem Wissenschaftlichen Beirat erklären müsse, sein Projekt sei gescheitert, weil die Gruppe mein Verhalten nicht habe hinnehmen können. Nach dem Gebaren der übrigen Teilnehmer habe ich den Verdacht, daß ähnlich düstere Gedanken, freilich in anderer Richtung, auch ihnen durch den Kopf gehen.

In der herrschenden gespannten Atmosphäre sind meine eigenen Gedanken nicht ganz beruhigend. Zunächst einmal habe ich eine Gruppe noch in frischer Erinnerung, in der man offen meinen Ausschluß gefordert hat; zum andern erlebe ich es gar nicht so selten, daß eine Gruppe, ohne etwas zu sagen, sich um meine Anwesenheit einfach nicht kümmert und mich aus der Diskussion genauso wirksam ausschließt, als wäre ich gar nicht da. In einigen Fällen hat sich bei derartigen Krisen die Reaktion in verhältnismäßig sanfter Form geäußert, indem man mir nämlich zu verstehen gab, ich selbst hätte mich bereits aus der Gruppe ausgeschlossen und erschwerte die Lage dadurch, daß ich mich nicht beteiligte. Eine derart sanfte Reaktion ist durchaus beruhigend, aber ich kann nicht vergessen, daß mein erster Versuch, solche Methoden zu praktizieren, in der

Tat damit endete, daß ich meine Stellung verlor. Ich möchte freilich lieber annehmen, meine damalige Entlassung sei auf andere Begleitumstände zurückzuführen gewesen, aber immerhin weiß ich noch, daß die Patienten, mit denen ich seinerzeit zu tun hatte, mich aus mir unbekannten Gründen immer wieder warnend darauf aufmerksam gemacht hatten, daß ernsthafte Bemühungen im Gange seien, das Projekt zu sabotieren. In der Situation, von der ich hier berichte, habe ich also allen Grund zu der Annahme, daß die Unzufriedenheit echt ist und ohne weiteres zur Auflösung der Gruppe führen kann.

Doch kommt mir in meinen Besorgnissen eine neue Wendung der Dinge zu Hilfe. Herr Q meint, es sei kaum anzunehmen, daß im Augenblick durch logische Erörterungen die gewünschte Aufklärung zu erlangen sei, ja, möglicherweise wolle ich lieber nicht erklären, warum ich eine solche Deutung vorbringe, weil das der Absicht zuwiderliefe, die Gruppe selbst das Wesen der Gruppenphänomene erfahren zu lassen. Er gibt zu bedenken, ich müsse wohl schließlich wissen, aus welchem Grunde ich mich in dieser Weise verhalte.

Sogleich läßt die Spannung in der Gruppe nach, und eine erheblich freundlichere Haltung mir gegenüber wird spürbar. Es ist klar, daß die Gruppe im Grunde doch eine hohe Meinung von mir hat, und bei mir stellt sich das Gefühl ein, sie vielleicht unfair behandelt zu haben, indem ich mich nicht mitteilsamer zeigte. Einen Augenblick lang fühle ich den Drang, zum Ausgleich mit irgendeiner Erklärung meines Verhaltens auf diesen erfreulichen Klimawechsel zu reagieren. Doch dann hält mich die Einsicht zurück, daß die Gruppe lediglich zu ihrer früheren Stimmung zurückgekehrt ist, in der sie durchaus als Tatsache betrachten wollte, was sie vom Hörensagen wußte. Statt dessen bringe ich also vor, anscheinend wolle die Gruppe mich auf gütlichem Wege nötigen, mich zu bessern und ihrem Wunsche zu fügen, daß mein Verhalten mehr dem entsprechen solle, was sie erwartet und was ihr von anderen Gebieten her vertraut ist. Ich erwähne außerdem, die Gruppe habe im Grunde ignoriert, was Herr Q gesagt hat. Das Gewicht hat sich von dem, was Herr Q sagen wollte, auf einen Teilaspekt seiner Äußerung verlagert, nämlich, daß ich doch wahrscheinlich wisse, was ich wolle. Mit andern Worten, einem einzelnen Mitglied ist es nicht ohne weiteres möglich gewesen, der Gruppe Auffassungen mitzuteilen, die nicht mit denen übereinstimmten, die sie gerne hegen möchte.

Diesmal ist die Gruppe wirklich ärgerlich, und ich muß feststellen, daß man ihr das nicht verdenken kann. Ganz offensichtlich hat niemand diesen Menschen erklärt, was es bedeutet, zu einer Gruppe zu gehören, an der ich beteiligt bin. Übrigens hat auch mir niemand erklärt, wie es in einer Gruppe zugeht, der alle einzelnen Mitglieder gerade dieser Gruppe angehören. Aber ich darf nicht verkennen, daß ich der einzige bin, dessen Anwesenheit bisher unangenehm gewirkt hat, so daß Klagen meinerseits nicht die gleiche Gültigkeit haben wie die anderer Mitglieder. Mir ist klarer denn je, daß in der Situation, in der ich mich befinde, ein ganz überraschender Widerspruch liegt. Auch ich habe sagen hören, wie wertvoll meine Mitwirkung bei Gruppensitzungen sei; ich habe mir alle Mühe gegeben, dahinterzukommen, inwiefern sie eigentlich so beachtlich gewesen sei, habe aber keine Aufklärung darüber erlangen können. Ich habe daher das größte Verständnis für die Gruppe, die von mir etwas anderes erwarten zu dürfen meint, als sie tatsächlich bekommt. Ich begreife durchaus, daß die Gruppe den Eindruck haben muß, meine Äußerungen seien ebenso ungenau, wie es die Ansichten eines Menschen über seine eigene Stellung in der jeweiligen Gesellschaft für gewöhnlich sind, und seien außerdem wohl nur für mich selbst von Bedeutung. Mir scheint daher, daß ich versuchen muß, ein weitergespanntes Bild der Situation zu vermitteln, als ich es bisher getan habe.

In dieser Absicht sage ich, meinem Eindruck nach stifteten meine Deutungen Unruhe in der Gruppe. Die Gruppe deute meine Deutungen als Enthüllung meiner Persönlichkeit. Gewiß, es gibt auch Versuche, sie irgendwie als bezeichnend für das psychische Leben der Gruppe zu betrachten; aber solche Versuche werden von dem Verdacht überschattet, daß meine Deutungen, wenn man sie ihrerseits deutet, mehr über mich selbst verraten als über irgend etwas sonst und daß die so gewonnenen Erkenntnisse in deutlichem Gegensatz zu dem stehen, was die Teilnehmer erwarteten, ehe sie kamen. Das muß sehr beunruhigend sein; aber von derartigen Überlegungen ganz abgesehen müssen wir erkennen, daß die Teilnehmer vielleicht zu bereitwillig annehmen, die Aufschrift auf der Packung sei eine treffende Beschreibung des Inhalts.

Wir müssen uns klarmachen, daß wir nun einen kritischen Punkt erreicht haben. Die Teilnehmer können nämlich entdeckt haben, daß die Zugehörigkeit zu einer Gruppe, zu der auch ich gehöre, ein Erlebnis ist, auf das sie keinen Wert legen. Insofern müssen wir uns darauf einstellen, daß Angehörige unserer Gruppe möglicherweise das Bedürfnis haben, die Versammlung zu verlassen, genauso wie etwa jemand ein Zimmer verlassen möchte, das er irrtümlich betreten hat. Ich selbst halte diese Darstellung nicht für ganz richtig, denn schon zu Anfang ist ja — wie ich der Gruppe in Erinnerung rufe — völlig klar gewesen, daß sie gar keine Neigung zu dem Gedanken verspürte, sie habe sich vielleicht von der Richtigkeit dessen, was sie über mich gehört hatte, nicht gehörig überzeugt. Daher sollten meiner Ansicht nach diejenigen, die sich von andern irregeführt fühlten und sich jetzt gern entfernen wollten, ernsthaft darüber nachdenken, warum sie alle Äußerungen so heftig ablehnten, in denen die Gültigkeit ihres Glaubens an den Wert meiner Mitwirkung in einer Gruppe in Frage gestellt wurde.

An dieser Stelle muß ich erwähnen, daß ich die emotionalen Kräfte, die dieser Situation zugrunde liegen, als sehr mächtig ansehe. Ich halte es keinen Augenblick für wahrscheinlich, daß die objektive Tatsache — nämlich daß ich lediglich ein einzelnes Mitglied der Gruppe mit einigen Spezialkenntnissen bin und mich in dieser Hinsicht von keinem andern Mitglied unterscheide — anerkannt werden würde. Die Kräfte, die dem entgegenstehen, sind viel zu stark. Zwar hat eine außenstehende Gruppe — nämlich die Klinik, die mich mit der Gruppenleitung beauftragt hat — einen Mythos von unbekannten Dimensionen mit dem Siegel ihrer Autorität versehen; aber davon abgesehen bin ich sicher, daß die Gruppe ganz außerstande ist, ihren inneren emotionalen Spannungen gegenüberzutreten, ohne zu glauben, sie habe so etwas wie einen Gott, der für alles, was geschieht, verantwortlich ist. Wir stehen also vor der Tatsache, daß die Gruppe höchstwahrscheinlich alle Deutungen, die von mir oder einem andern ausgehen mögen, so umdeuten wird, daß sie ihren eigenen Wünschen entsprechen, genauso wie sie es soeben mit dem Diskussionsbeitrag von Herrn Q gemacht hat. Daher wird es wichtig, darauf hinzuweisen, daß die Kommunikationsmittel innerhalb der Gruppe äußerst dürftig sind und nur sehr unzuverlässig funktionieren. Ja, fast könnte man denken, es wäre weniger irreführend, wenn jeder Einzelne in der Gruppe eine Sprache spräche, die den übrigen unbekannt wäre. Dann wäre doch die Gefahr geringer, daß wir glauben, verstanden zu haben, was jeder der andern gesagt hat.

Die Gruppe hat sich jetzt einem andern ihrer Mitglieder zugewandt — etwas verstimmt, aber doch mehr aus Angst als aus Verstimmung. Ich gewinne den Eindruck, man erwarte von ihm, er werde die Führung übernehmen, ohne daß man jedoch von seiner Eignung zum Führer wirklich überzeugt wäre. Dieser Eindruck wird dadurch verstärkt, daß der Betreffende offensichtlich bemüht ist, sich im Hintergrund zu halten.

Das Gespräch zerflattert immer mehr. Ich habe das Empfinden, für den größten Teil der Gruppe wird das Erlebnis nachgerade unangenehm und uninteressant. Da mir ein neuer Gedanke kommt, gebe ich ihn weiter.

Ich sage der Gruppe, ich hätte den Eindruck, daß wir unbedingt einen Führer haben wollten und daß der, den wir suchten, anscheinend gewisse Eigenschaften besitze, an denen wir die Eigenschaften der Einzelnen, die wir dafür in Betracht ziehen, messen. Da wir schon einige Kandidaten abgelehnt hätten, wüßten wir anscheinend ganz genau, was wir suchten.

Andererseits sei aus unseren bisherigen Erfahrungen sehr schwer zu schließen, worin diese gesuchten Eigenschaften bestünden. Auch sei es nicht ohne weiteres ersichtlich, warum die Gruppe einen Führer brauche. Die Zeit für die Zusammenkunft sei festgesetzt worden, und andere Entscheidungen habe die Gruppe eigentlich nicht zu treffen. Wenn eine Gruppe einen Führer brauche, dann doch vermutlich, damit wirksame Befehle erteilt und praktische Entscheidungen ausgeführt würden; wenn dem aber so sei — warum sollten wir dann in unserer gegenwärtigen Lage annehmen, daß wir einen derartigen Führer brauchten? An der äußeren Situation könne es nicht liegen, denn unsere materiellen Bedürfnisse und unsere Beziehungen zu Außengruppen seien gesichert und ließen nicht darauf schließen, daß in nächster Zeit irgendwelche Entscheidungen erforderlich seien. Der Wunsch, geführt zu werden, sei entweder irgendein Gefühlsrelikt, das in der Gruppe sinnlos als Archaismus am Werke sei, oder aber wir hätten irgendeine noch nicht definierte Situation im Auge, die eine solche führende Persönlichkeit erforderlich mache.

Falls meine Darstellung der Zustände in einer Gruppe, der ich angehöre, wenigstens ungefähr richtig ausgefallen ist, wird der Leser einiges Unbehagen verspürt, sich einige Einwände zurechtgelegt und viele Fragen zu weiterer Erörterung vorbehalten haben. Im gegenwärtigen Stadium möchte ich nur zwei Merkmale des Gruppenerlebnisses zur Untersuchung herausgreifen.

Das eine ist die Oberflächlichkeit der Gespräche in der Gruppe. Gemessen an den normalen Begriffen gesellschaftlichen Umgangs, hat der Verkehr innerhalb der Gruppe so gut wie gar keinen intellektuellen Gehalt aufzuweisen. Wenn wir ferner beachten, wie Annahmen ungeprüft als Tatsachen hingenommen werden, so ist es klar, daß kritisches Urteilsvermögen so gut wie völlig fehlt. Um diesen Umstand recht zu würdigen, muß der Leser bedenken, daß er diesen Bericht in aller Ruhe lesen und dabei sein Urteilsvermögen unbehindert anwenden kann. Die Gruppe aber befindet sich nicht in dieser Lage. Wie immer es äußerlich auch scheinen mag, ihre Situation ist mit Affekten geladen, die — oft unbemerkt — mächtigen Einfluß auf den Einzelnen ausüben. Die Folge ist, daß seine Affekte aufgerufen werden — zum Schaden seiner Urteilskraft. So kommt es, daß die Gruppe sich oft mit intellektuellen Problemen herumschlagen muß, die der Einzelne, wie man glaubt, in einer anderen Situation ohne Schwierigkeit lösen könnte — ein Glaube, der sich später als illusorisch erweisen wird. Es kann sein, daß sich als eines der Hauptziele unserer Untersuchung gerade die Phänomene herausschälen, die diese Störungen im rationalen Verhalten der Gruppe herbeiführen — Phänomene, deren Vorhandensein ich nur durch Darstellungen von Fakten habe andeuten können, die mit dem Ziel unserer Untersuchung weniger verwandt sind als die Linien einer einfarbigen Graphik mit den Farben eines Gemäldes, in dem die Farbe die entscheidende Rolle spielt.

Als zweites Merkmal muß ich den Charakter meiner eigenen Mitwirkung erwähnen. Es wäre gewiß befriedigend, wenn ich jetzt eine logische Darstellung meiner Technik liefern könnte — der Technik, die ich, wie erinnerlich, auf Wunsch des Wissenschaftlichen Beirates anwenden sollte; doch ich bin überzeugt, daß auch eine solche Darstellung sehr ungenau und irreführend wäre. Im Laufe der folgenden Abschnitte will ich alles, was ich sage und tue, so genau wie möglich schildern; ich will aber auch angeben, was die Gruppen sagen und tun, und zwar nicht nur, um die psychischen Vorgänge in einer Gruppe anschaulich zu machen, sondern um dem Leser so viel Material wie möglich zu geben, mit dessen Hilfe er von sich aus zu Schlüssen gelangen kann. Ich will jedoch einen Aspekt meiner Deutungen des Gruppenverhaltens hervorheben, den die Gruppe — und wahrscheinlich auch der Leser — lediglich für eine zufällige Eigentümlichkeit meiner Persönlichkeit hält, der in Wirklichkeit aber ganz bewußt ist: nämlich die Tatsache, daß die Deutungen sich auf Dinge zu beziehen scheinen, die nur für mich allein von Bedeutung sind.

2

Am Schluß des vorigen Abschnitts habe ich gesagt, daß meine Deutungen des Verhaltens der Gruppe hinsichtlich ihrer Einstellung zu mir als ein unverschämter und obendrein wahrscheinlich unrichtiger Beitrag erscheinen müssen. Kritik an diesem Aspekt meines Verhaltens in einer Gruppe erfordert sorgfältige Untersuchung, und im weiteren Verlaufe wird man sehen, daß ich auf diese Kritik antworte, wenn ich sie auch nicht widerlege. Aber betrachten wir zunächst einige Gruppensituationen.

Während wir in einem Zimmer, das von einer einzigen Stehlampe schwach erleuchtet ist, in einem lockeren Kreise dasitzen, beklagt sich eine Patientin aus der Gruppe ärgerlich:

„Sie (d. h. die Gruppe) sagen immer, ich wolle das Gespräch allein bestreiten, aber wenn ich nicht rede, sitzen Sie alle bloß stumm und stumpfsinnig da. Ich habe die Nase voll von Ihnen. Und Sie (dabei zeigt sie auf einen sechsundzwanzigjährigen Mann, der in kunstgerecht zur Schau getragenem Erstaunen die Augenbrauen hochzieht) sind der schlimmste von allen. Warum sitzen Sie immerzu da wie ein braves Bübchen, ohne einen Ton zu sagen, und bringen damit die Gruppe aus der Fassung? Dr. Bion ist der einzige, auf den hier überhaupt gehört wird, und der sagt nie etwas, das uns was nützt. Na gut, na gut, ich hör' schon auf. Nun wollen wir mal sehen, was Sie anfangen, wenn ich das Gespräch nicht bestreite!"

Nun eine andere Szene — in demselben Zimmer, aber an einem sonnigen Sommerabend. Der Sprecher ist ein Mann:

„Sehen Sie, das stört mich hier: Ich habe eine ganz einfache Frage gestellt. Ich habe gesagt, was nach meiner Meinung vorgeht, denn ich bin anderer Ansicht als Dr. Bion. Ich habe gesagt, es wäre interessant, zu wissen, was andere denken — aber gibt irgendeiner von Ihnen eine Antwort? Kein einziger. Und die Frauen, die sind am schlimmsten — außer Fräulein X. Wie können wir denn weiterkommen, wenn einem keiner eine Antwort gibt? Sie lächeln, wenn ich sage, ‚außer Fräulein X', und ich weiß schon, was Sie denken, aber Sie täuschen sich."

Hier ein andere Szene. Eine Patientin sagt:

„Mit dem, was Dr. Bion eben gesagt hat, sind anscheinend alle vollkommen einverstanden, aber vor fünf Minuten hab' ich dasselbe gesagt, und weil es niemand weiter gewesen ist als ich, hat kein Mensch die geringste Notiz davon genommen."

Und noch eine Szene. Eine Frau sagt:

„Na, wenn sonst keiner was sagt, kann ich ja von meinem Traum erzählen. Ich hab' geträumt, ich wär' an der See und wollte baden. Es wimmelte von Möwen ..." (So ging das eine ganze Weile weiter.)

Ein Teilnehmer aus der Gruppe: „Soll das heißen, das ist alles, was Ihnen im Gedächtnis geblieben ist?"

Die Frau: „Nein, nicht doch. Aber es ist eigentlich alles ziemlich blöd."

Die Gruppe sitzt finster da, jeder scheint sich in seine eigenen Gedanken zu verspinnen. Es sieht so aus, als sei jeglicher Kontakt zwischen den Mitgliedern der Gruppe abgerissen.

Ich: „Warum haben Sie aufgehört, von Ihrem Traum zu sprechen?"

Die Frau: „Ach, anscheinend hat sich niemand besonders dafür interessiert, und ich hab' ja nur davon angefangen, um den Stein ins Rollen zu bringen."

Ich möchte nur auf einen Aspekt dieser Episoden aufmerksam machen. Die erste Patientin sagte: „Sie (die Gruppe) sagen immer, ich wolle das Gespräch allein bestreiten." — Tatsächlich hatte nur ein einziger das gesagt, und auch der nur einmal, aber sie sprach die gesamte Gruppe an und gab deutlich zu erkennen, daß nach ihrer Auffassung die gesamte Gruppe ständig diesen Eindruck von ihr hatte.

Der Mann in dem zweiten Beispiel sagte: „Sie lächeln, wenn ich sage: ‚außer Fräulein X', und ich weiß schon, was Sie denken."

In dem dritten Beispiel sagte die Frau: „... weil es niemand weiter gewesen ist als ich, hat kein Mensch die geringste Notiz davon genommen."

In vierten Beispiel meinte die Frau, die Gruppe habe kein Interesse, und zog es daher vor, von ihrer Initiative abzulassen.

Ich habe schon weiter oben darauf hingewiesen, daß jeder, der irgendwie Kontakt mit der Realität hat, ständig die Einstellung seiner Gruppe zu ihm selbst bewußt oder unbewußt abschätzt. Sofern überhaupt Anschauungsmaterial nötig ist, so zeigen diese Beispiele aus therapeutischen Gruppen, daß sich in der therapeutischen Gruppe dasselbe abspielt. Für den Augenblick übergehe ich die offenkundigen Tatsachen, etwa die, daß irgend etwas in dem Sprecher seine Beurteilung der Situation, in der er sich befindet, färbt. Auch wenn man noch immer der Meinung ist, die Anschauung des Einzelnen von der Einstellung der Gruppe ihm selbst gegenüber gehe nur ihn allein etwas an, so ist jetzt hoffentlich klar, daß diese Art der Beurteilung ebensosehr zum psychischen Leben des Einzelnen gehört wie beispielsweise seine Beurteilung der Informationen, die sein Tastsinn ihm vermittelt. Daher ist die Art, wie ein Mensch die Einstellung einer Gruppe sich selbst gegenüber beurteilt, ein wichtiges Studienobjekt, selbst wenn es uns zu nichts anderem führt.

Mein letztes Beispiel aber, das sehr häufig vorkommt, zeigt, daß tatsächlich die Art und Weise, wie Menschen in einer Gruppe zu diesen Beurteilungen gelangen, von großer Bedeutung für die Gruppe ist, denn von den Urteilen, die sich die Einzelnen bilden, hängt das Blühen oder Welken des gesellschaftlichen Lebens der Gruppe ab.

Was geschieht, wenn ich diesen Gedanken von der Einstellung der Gruppe zum Einzelnen als Deutungsgrundlage benutze? Einige der Reaktionen haben wir schon im vorigen Abschnitt gesehen. In den angeführten Beispielen waren einige Ergebnisse dieser Art der Deutung zu sehen, auch wenn ich sie nicht besonders hervorgehoben habe; aber eine Reaktion, die häufig ist, will ich jetzt erwähnen. Die Gruppe wird dazu neigen, ihre Konzentration auf meine Person noch weiter zum Ausdruck zu bringen; dann scheint sie einen Punkt zu erreichen, an dem ihre Neugier fürs erste gestillt ist. Dazu kann es nach zwei oder drei Sitzungen kommen. Dann fängt die Gruppe denselben Prozeß von vorne an, diesmal aber mit einem andern Mitglied als Zielpunkt der Kräfte, die sich zuvor auf mich konzentriert hatten. Wenn es mir scheint, daß genug Material beisammen ist, um die Gruppe zu überzeugen, sage ich, daß ich glaube, dies habe sich abgespielt. Eine Schwierigkeit dabei ist, daß der Übergang von der Konzentration auf mich zu der Konzentration auf ein anderes Mitglied der Gruppe unverkennbare Anzeichen dafür enthält, daß immer noch eine Konzentration auf mich darin steckt. Ich habe diese Situation im ersten Abschnitt (S. 23) geschildert, wo ich die Deutung vorbringe, daß die Gruppe, indem sie andere ausfragt, sich in Wirklichkeit mit mir selbst beschäftigt. Ich glaube, es wäre richtiger gewesen, wenn ich bei dieser Gelegenheit die affektive Situation als einen Übergang der eben beschriebenen Art gedeutet hätte.

Viele bestreiten die Richtigkeit dieser Deutungen. Selbst wenn die meisten Mitglieder unverkennbare Beweise dafür gesehen haben, daß ihr Verhalten von einer bewußten oder unbewußten Einschätzung der Einstellung der Gruppe zu ihnen selbst geprägt wird, sagen sie, sie wüßten nicht, was die übrigen in der Gruppe über sie denken, und sie glaubten auch nicht, daß irgend jemand anders das wisse. Diesen Einwand gegen die Richtigkeit der Deutungen muß ich gelten lassen, auch wenn ich ihn modifiziere und sage, daß es bei der Richtigkeit auf den Gradunterschied ankommt. Es ist nämlich ein Zeichen wachen Bewußtseins, daß ein Element in der automatischen Auffassung des Einzelnen über die Einstellung der Gruppe zu ihm selbst der Zweifel ist. Wenn jemand behauptet, er habe keinerlei Zweifel, möchte man wirklich gern wissen: warum nicht? Gibt es Fälle, in denen die Einstellung der Gruppe völlig unmißverständlich ist? Oder ist der Einzelne nicht imstande, Unkenntnis in einer Sache zu ertragen, bei der es auf Richtigkeit ankommt, wenn sein Verhalten in einer Gesellschaft klug sein soll? In gewissem Sinne glaube ich, daß der Einzelne in einer Gruppe aus seiner Erfahrung Nutzen zieht, wenn er, während er größere Treffsicherheit in der Einschätzung seiner Stellung im affektiven Felde gewinnt, zur gleichen Zeit auch fähiger wird, die Tatsache hinzunehmen, daß selbst seine erhöhte Treffsicherheit kläglich hinter seinen Bedürfnissen zurückbleibt.

Vielleicht denkt man, mein Eingeständnis zerstöre die Grundlage jeder Methode, die sich auf Deutungen dieser Art stützt; doch das ist nicht der Fall. Das Wesen des emotionellen Erlebnisses der Deutung wird geklärt, aber die Tatsache, daß sie zwangsläufig zum menschlichen Geistesleben gehört, bleibt unverändert und desgleichen ihr Primat als Methode. Dieser läßt sich nur bestreiten, wenn nachgewiesen werden kann, daß irgendeine andere geistige Tätigkeit noch genauer an Fragen von noch größerer Bedeutung für das Studium der Gruppe herankommt.

Hier ein Beispiel für eine Reaktion, bei der die Richtigkeit der Deutung in Frage gestellt wird. Der Leser wird gut daran tun, die vorstehenden Absätze im Gedächtnis zu behalten, wenn er die Schlüsse betrachtet, die ich aus diesem und verwandten Beispielen ziehe.

Eine Zeitlang habe ich Deutungen gegeben, die man sich höflich angehört hat, aber das Gespräch hat sich immer mehr aufgelöst, und bei mir stellt sich das Gefühl ein, daß meine Eingriffe nicht erwünscht sind. Ich spreche das folgendermaßen aus:

„In der vergangenen halben Stunde hat die Gruppe die Weltlage erörtert, doch ich habe behauptet, das Gespräch verrate etwas über uns selber. Jedesmal, wenn ich das gesagt habe, hatte ich das Empfinden, mein Beitrag sei ein unwillkommener Mißklang. Jetzt bin ich sicher, daß ich die Zielscheibe Ihrer Feindseligkeit bin, weil ich auf derartigen Beiträgen beharre."

Auf meine Worte folgen einige Augenblicke des Stillschweigens. Dann sagt ein männlicher Teilnehmer in sehr höflichem Tone, er habe keinerlei Feindseligkeit gegenüber meinen Deutungen empfunden und auch bei anderen nichts dergleichen wahrgenommen. Zwei oder drei andere Teilnehmer pflichten ihm bei. Überdies kommen diese Äußerungen in ruhigem, durchaus freundlichem Tone heraus — abgesehen vielleicht von einer wohl begreiflichen Verstimmung darüber, daß eine Versicherung abgegeben werden muß, die doch eigentlich unnötig sein sollte.

In gewisser Hinsicht könnte ich wieder sagen, ich fühlte mich wie ein Kind behandelt, das man trotz seines lästigen Benehmens mit Geduld anfaßt. Doch dieser Frage möchte ich im Augenblick nicht nachgehen, sondern vielmehr die Äußerungen dieser Teilnehmer völlig ernst nehmen. Ich habe den Eindruck, daß sie die Stimmung der gesamten Gruppe ganz richtig zum Ausdruck bringen, wenn sie jede Feindseligkeit leugnen. Ich glaube bei korrekter Einschätzung der Lage als Tatsache akzeptieren zu müssen, daß alle Einzelnen in der Gruppe es ganz ehrlich meinen, wenn sie sagen, sie empfänden keine Feindseligkeit mir gegenüber.

Ich erinnere mich an eine andere Episode ähnlicher Art. Außer mir sind bei der Gruppensitzung drei Männer und vier Frauen anwesend; ein Mann und eine Frau fehlen. Einer der Männer sagt zu einer Frau:

„Wie ist denn Ihre Sache vorige Woche abgelaufen?"

Die Frau: „Meine Party, meinen Sie? Ach, die ist gut gegangen. Sehr gut sogar. Warum?"

Der Mann: „Ach, ich frage nur. Sie wissen doch, Sie waren ziemlich aufgeregt deswegen."

Die Frau (in etwas mattem Tone): „Ach ja, das stimmt schon."

Der Mann (setzt nach kurzer Pause wieder an): „Sie möchten anscheinend nicht viel davon sagen."

Die Frau (erwidert): „Doch, doch, wirklich, aber es ist nicht viel passiert. Es ist durchaus gut gegangen."

Nun mischt eine andere Frau sich ein und bemüht sich, das Gespräch weiterzuführen, als spürte sie, daß es stockte; aber sehr schnell läßt auch sie davon ab. Eine Pause tritt ein. Dann meldet sich eine andere Frau mit einem Erlebnis, das sie im Laufe der Woche gehabt hat. Sie fängt recht munter an, hält aber dann inne. Einige andere versuchen, sie durch Fragen zu ermuntern, aber ich habe das Gefühl, daß auch die Frager unter derselben Befangenheit leiden. Auf der Gruppe lastet eine Atmosphäre fruchtloser Anstrengung. Mir ist so klar wie nur möglich, daß die Einzelnen den allerbesten Willen haben, die Sitzung so verlaufen zu lassen, daß sie in ihren Augen als gelungen zu betrachten wäre. Wenn nicht die zwei Mitglieder fehlten, so glaube ich, würde alles ausgezeichnet gehen. Auch ich selber bin mittlerweilen frustriert, und ich muß daran denken, wie sehr die letzten zwei oder drei Sitzungen an der Abwesenheit einiger Gruppenangehöriger gekrankt haben. Drei der heute Anwesenden haben bei einer der letzten beiden Sitzungen gefehlt. Es scheint jammerschade, daß die Gruppe auf diese Weise leiden soll, wenn doch alle bereit sind, sich die größte Mühe geben. Ich frage mich schon, ob die Gruppenmethode zur Lösung von Problemen sich wirklich lohne, wenn sie so viel Gelegenheit zu Apathie und Obstruktion bietet, gegen die man nichts tun kann. Trotz der unverkennbaren Anstrengungen muß ich das Gespräch als reine Zeitvergeudung empfinden. Ich wünschte, mir fiele irgendeine aufschlußreiche Deutung ein, aber das Material ist so dürftig, daß ich keinen Ansatzpunkt finde. Mittlerweile sehen mehrere aus der Gruppe mich mit hoffnungslosen Blicken an, als wollten sie sagen, sie hätten doch getan, was sie könnten, und jetzt komme es auf mich an — und ich glaube auch, sie haben durchaus recht. Ich überlege mir, ob es Sinn hätte, offen darauf hinzuweisen, daß sie mich mit derartigen Gefühlen betrachten; aber ich verwerfe den Gedanken, weil es sinnlos scheint, ihnen etwas zu sagen, was sie zweifellos schon wissen.

Die Pausen werden immer länger, die Reden immer belangloser, als mir einfällt, daß meine eigenen Empfindungen — besonders die Hemmung durch die Apathie der Gruppe und der Drang, etwas Nützliches und Aufschlußreiches zu sagen — genau die gleichen sind, die auch die übrigen Anwesenden zu haben scheinen. Eine Gruppe, deren Mitglieder nicht regelmäßig zu den Sitzungen erscheinen können, muß apathisch und gleichgültig gegen die Leiden des einzelnen Patienten sein.

Als ich mir zu überlegen beginne, was ich als Deutung vorbringen könnte, stoße ich auf eine Schwierigkeit, die dem Leser schon aufgefallen sein wird: Was ist eigentlich diese Gruppe, die unserer Arbeit feindselig und interesselos gegenübersteht? Ich muß annehmen, daß sie aus denselben Menschen besteht, die sich hier vor meinen Augen so große Mühe geben, aber außerdem gehören dazu — jedenfalls von meinem Standpunkt aus — auch die beiden Fehlenden. Es kommt mir vor, als blickte ich an einer verdickten Stelle durch ein Mikroskop. Bei der einen Einstellung sehe ich ein Bild — nicht sehr scharf vielleicht, aber doch einigermaßen deutlich. Verändere ich die Einstellung ein klein wenig, so sehe ich ein anderes. Damit möchte ich mein geistiges Vorgehen vergleichen. Ich will zunächst diese Gruppe noch einmal betrachten und dann das Bild beschreiben, das ich bei der veränderten Einstellung sehe.

An die Stelle des Bildes eifriger Individuen, die sich um die Lösung ihrer psychologischen Probleme bemühen, schiebt sich das Bild einer Gruppe mit dem Drang, ihre Feindseligkeit und Verachtung für Neurosepatienten und alle, die neurotische Probleme ernsthaft angehen wollen, auszudrücken. Diese Gruppe wird anscheinend im Augenblick von den beiden Fehlenden geführt, die zu erkennen geben, daß man seine Zeit besser verwenden könne als mit Erfahrungen von der Art, wie die Gruppe sie durchzumachen pflegt, wenn ich ihr angehöre. Bei einer früheren Sitzung hat einer von den heute Fehlenden die Führung ausgeübt. Ich neige also zu der Vermutung, daß die gegenwärtigen Führer der Gruppe nicht anwesend sind; es sind die beiden Fehlenden, und die übrigen haben das Gefühl, daß diese beiden die Gruppe nicht nur verachten, sondern ihrer Verachtung auch praktischen Ausdruck geben. Die anwesenden Gruppenmitglieder sind ihre Gefolgsleute. Während ich mir die Gespräche anhöre, frage ich mich, ob ich die Fakten näher präzisieren kann, die in mir diesen Eindruck erwecken.

Zunächst, so muß ich gestehen, sehe ich wenig, das meine Mutmaßungen bestätigt. Aber dann bemerke ich, daß einer der Männer, die Fragen stellen, einen merkwürdig überlegenen Ton anschlägt. Wenn ich die Einstellung meines gedachten Mikroskops unverändert lasse, will es mir scheinen, als drückte seine Reaktion auf die Antworten, die er bekommt, höfliche Skepsis aus. Eine Frau in der Ecke betrachtet mit einer Miene leisen Abscheus ihre Fingernägel. Einmal tritt Schweigen ein; es wird von einer Frau, die — nach dem ersten Bild — eifrig bemüht schien, die Arbeit der Gruppe in Gang zu halten, mit seiner Zwischenbemerkung durchbrochen, die deutlich zum Ausdruck bringt, daß sie sich von diesem im Grunde dummen Spiel distanziere.

Es ist mir wohl nicht allzu gut gelungen, meine Eindrücke zu präzisieren, aber ich glaube jetzt zu wissen, wie ich die Schwierigkeit überwinden kann, in der ich mich in dem ersten Beispiel befunden habe. Wie man sich erinnern wird, war ich dabei durchaus sicher, daß die Gruppe mir und meinen Deutungen feindselig gegenüberstand, hatte aber nicht die Spur eines Beweises, um meine Deutung einleuchtend zu stützen. Ehrlich gesagt, ich fand beide Erlebnisse ausgesprochen bestürzend; es schien, als habe die von mir gewählte Untersuchungsmethode versagt, und noch dazu höchst offenkundig. Jeder, der Erfahrung mit individueller Therapie hat, hätte vorhersagen können, daß eine Gruppe von Patienten eine Deutung verleugnen würde, und jeder hätte vorhersagen können, daß die Gruppe die allerbeste Gelegenheit bieten würde, sie wirksam zu verleugnen. Mir scheint aber, wenn eine Gruppe glänzende Gelegenheiten zu Verleugnungen und Ausflüchte bietet, dann muß sie auch ebenso glänzende Gelegenheiten bieten, zu beobachten, wie diese Ausflüchte und Verleugnungen zustande kommen. Ehe ich diese Frage untersuche, will ich die beiden angeführten Beispiele betrachten, um nach Möglichkeit eine Hypothese zu formulieren, die der Untersuchung Form geben kann.

Man sieht: Was der Einzelne in der Gruppe sagt oder tut, beleuchtet sowohl seine eigene Persönlichkeit wie seine Auffassung von der Gruppe; manchmal beleuchtet es das eine mehr, das andere weniger. Manche Äußerungen bringt er anstandslos als die seinen vor; andere hingegen würde er lieber anonym vorbringen. Wenn die Gruppe eine Möglichkeit zu anonymen Äußerungen bieten kann, ist der Grund zu einem funktionsfähigen System der Ausflüchte und Verleugnungen gelegt. In meinen ersten Beispielen konnte jeder Einzelne möglicherweise gerade deshalb ganz ehrlich seine feindseligen Gefühle leugnen, weil die Feindseligkeit der Einzelnen anonym zu der Gruppe beigesteuert wurde. Wir werden das psychische Leben der Gruppe genau untersuchen müssen, um zu sehen, in welcher Weise die Gruppe eine Möglichkeit zu diesen anonymen Beiträgen bietet. Ich werde eine Gruppenmentalität als das Sammelbecken voraussetzen, in das die anonymen Beiträge einfließen und durch das die Impulse und Wünsche, die in diesen Beiträgen liegen, befriedigt werden. Jeder Beitrag zu dieser Gruppenmentalität muß sich auf die andern anonymen Beiträge der Gruppe stützen können oder mit ihnen im Einklang stehen. Ich würde erwarten, daß die Gruppenmentalität eine Uniformität aufweist, die im Gegensatz steht zu der Vielfältigkeit des Denkens in der Mentalität der Individuen, die zur Bildung der Gruppenmentalität beigetragen haben. Die Gruppenmentalität, wie ich sie angenommen habe, wäre den erklärten Zielen der einzelnen Gruppenangehörigen entgegengesetzt. Wenn die Erfahrung zeigt, daß diese Hypothese eine nützliche Funktion ausübt, können aus der klinischen Beobachtung weitere Charakteristika der Gruppenmentalität hinzugefügt werden.

Hier einige Erlebnisse, die wohl in diesen Zusammenhang passen. Die Gruppe besteht aus vier Frauen und vier Männern, mich selbst eingeschlossen. Das Alter der Patienten liegt zwischen fünfunddreißig und vierzig Jahren. Gute Laune und Hilfsbereitschaft bestimmen die Atmosphäre. Den Raum erhellt freundliche Abendsonne.

Frau X: „Mir ist vorige Woche was Unangenehmes passiert. Ich stand in einer Schlange vor der Kinokasse und wartete, und da war mir auf einmal ganz komisch. Ich dachte wirklich, ich würde ohnmächtig oder so."

Frau Y: „Sie haben's gut, daß Sie ins Kino gehen können. Wenn ich dächte, ich könnte das, dann würde ich mich über gar nichts beklagen."

Frau Z: „Ich weiß, was Frau X meint. Mir geht's genauso, nur hätte ich nicht in der Schlange stehen bleiben können."

Herr A: „Haben Sie's mal mit Bücken versucht? Da kommt einem das Blut wieder in den Kopf. Ich nehme an, Sie haben ein Ohnmachtsgefühl gehabt."

Frau X: „Ohnmacht eigentlich nicht."

Frau Y: „Ich stelle immer fest, daß Gymnastik sehr guttut. Ich weiß nicht, ob Herr A das meint."

Frau Z: „Ich glaube, man muß es mit Willenskraft machen. Das ist ja mein Kummer — ich habe keine."

Herr B: „Mir ist vorige Woche etwas Ähnliches passiert, nur habe ich nicht mal in einer Schlange gestanden. Ich habe ganz ruhig zu Hause gesessen, da . . ."

Herr C: „Da haben Sie Glück gehabt, daß Sie ruhig zu Hause gesessen haben. Wenn ich das könnte, wär' ich froh und würde überhaupt nicht stöhnen."

Frau Z: „Ruhig zu Hause sitzen, das kann ich schon; aber daß ich niemals irgendwo hingehen kann, fällt mir so auf die Nerven. Wenn Sie nicht zu Hause sitzen können, warum gehen Sie da nicht ins Kino oder so?"

Nachdem ich mir solche Reden eine Weile angehört habe, wird mir klar, daß jeder in dieser Gruppe, der neurotische Beschwerden hat, den Rat bekommen wird, etwas zu tun, was nach der eigenen Erfahrung des Sprechers völlig nutzlos ist. Außerdem ist klar, daß keiner die geringste Geduld für ein neurotisches Symptom aufbringt. In mir wächst ein Verdacht und steigert sich zur Sicherheit, daß nämlich von dieser Gruppe bestimmt keine Kooperation zu erhoffen ist. Ich muß mir die Frage vorlegen, was ich eigentlich nach meinen Erfahrungen in der Einzelbehandlung anderes erwartet habe. Der Gedanke, daß Patienten Menschen mit einer sehr geringen Fähigkeit zur Kooperation sind, ist mir schon seit langem vertraut. Warum soll ich also bestürzt oder bekümmert sein, wenn eine Gruppe von Patienten ebendiese Eigenschaft aufweist? Mir fällt ein, daß mir vielleicht gerade diese Tatsache eine Gelegenheit bieten kann, für eine mehr analytische Methode Gehör zu finden.

Ich denke mir ein passendes Motto für eine Gruppe aus, die sich beträgt wie diese: „Kurpfuscher aller Länder, vereinigt euch!" Kaum ist mir dieser Gedanke durch den Kopf gegangen, da wird mir klar, daß ich nicht meinen Eindruck von der Zerrissenheit der Gruppe, sondern von ihrer Einheit ausgedrückt habe. Außerdem fällt mir sehr bald auf, daß ich der Gruppe diesen Slogan nicht zufällig zugeteilt habe, denn bei jedem Versuch, mir Gehör zu verschaffen, zeigt sich, daß ich eine geeinte

Gruppe gegen mich habe. Der Gedanke, daß Neurotiker nicht kooperationsfähig seien, muß modifiziert werden.

Ich will die Beispiele von Teamarbeit als Merkmal der Gruppenmentalität nicht häufen, hauptsächlich weil ich gegenwärtig keine Methode finde, um sie zu beschreiben. Ich will im Laufe dieser Aufzeichnungen zufällige Begebenheiten heranziehen, um dem Leser eine bessere Vorstellung davon zu geben, was ich meine, befürchte allerdings, daß eine richtige Vorstellung nur in einer Gruppe selbst zu gewinnen ist. Einstweilen sei bemerkt, daß der Einzelne in der Gruppenmentalität ein Ausdrucksmittel für Beiträge findet, die er anonym vorbringen möchte, während sie gleichzeitig das größte Hindernis auf dem Wege zu den Zielen bildet, die er durch seine Zugehörigkeit zu der Gruppe erreichen möchte.

Man könnte denken, es gebe noch viele andere Hindernisse für die Verwirklichlung individueller Ziele in einer Gruppe. Ohne die Frage präjudizieren zu wollen, möchte ich ihnen vorderhand keine sehr große Bedeutung beimessen. Es ist klar, daß bei der Bildung einer Gruppe die Individuen, die sie bilden, dadurch irgendeine Befriedigung zu erlangen hoffen. Ebenso ist klar, daß sie als erstes ein Gefühl der Frustration wahrnehmen, das durch die Gegenwart der Gruppe, der sie angehören, hervorgerufen wird. Man kann behaupten, es sei ganz unvermeidlich, daß eine Gruppe einige Wünsche befriedigen und andere frustrieren muß, aber ich neige zu der Ansicht, daß Schwierigkeiten, die zum Wesen einer Gruppensituation gehören, etwa die Unmöglichkeit des Alleinseins als zwangsläufige Folge der Tatsache, daß die Gruppe Gesellschaft bietet, Probleme ganz anderer Art schafft als die, die von der Gruppenmentalität hervorgerufen werden.

Im Laufe meiner Ausführungen über die Gruppe ist oft vom Individuum die Rede gewesen, aber bei der Erörterung des Begriffes einer Gruppenmentalität habe ich das Individuum in gewisser Weise in Gegensatz zur Gruppenmentalität gestellt, obwohl es zu ihr beiträgt, — so besonders bei der Episode, in der die beiden Fehlenden eine große Rolle bei der affektiven Ausrichtung der Gruppe spielten. Es ist an der Zeit, daß ich mich der Erörterung des Individuums zuwende, und dabei möchte ich mich vom Neurotiker und seinen Problemen abkehren.

Aristoteles hat den Menschen als „politisches Wesen" bezeichnet, und sofern ich seine „Politik" richtig verstehe, meint er damit, daß die Gruppe unerläßlich sei für erfülltes menschliches Leben. Ich will mich hier nicht für ein Buch einsetzen, das ich immer ungemein öde gefunden habe, doch ich glaube, Psychiater dürfen diese Feststellung nicht vergessen, weil ihrer Auffassung von ihrem Gegenstand sonst leicht das

Gleichgewicht fehlen könnte. Es kommt mir darauf an, daß die Gruppe für das erfüllte psychische Leben eines Menschen unerläßlich ist — genauso wie für die Tätigkeitsbereiche des Wirtschaftslebens und des Krieges, bei denen das besonders offenkundig ist.

Von der ersten Gruppe, die ich oben (S. 20 ff.) beschrieben habe, könnte ich sagen, die Gruppe sei für mich selbst notwendig gewesen, weil ich eine Gruppe als Untersuchungsobjekt brauchte; vermutlich könnten die übrigen Teilnehmer das gleiche sagen; aber selbst wenn ich eingeräumt hätte, dies sei das Ziel der einzelnen Mitglieder einschließlich meiner selbst gewesen (was ich aber, wie erinnerlich, nicht getan habe), so bin ich doch der Ansicht, daß das psychische Leben einer Gruppe unerläßlich für das erfüllte Leben des Individuums ist — ganz abgesehen von zeitweiligen oder speziellen Bedürfnissen — und daß die Befriedigung dieser Bedürfnisse durch die Zugehörigkeit zu einer Gruppe angestrebt werden muß.

Eines aber ergibt sich aus der Betrachtung sämtlicher Gruppen, aus denen ich meine Beispiele geschöpft habe: Das auffälligste Gefühl, das die Gruppe empfindet, ist ein Gefühl der Frustration — eine unangenehme Überraschung für den Einzelnen, der kommt, um Befriedigung zu suchen. Die Verstimmung, die dadurch entsteht, mag natürlich an einer naiven Unfähigkeit liegen, den oben erwähnten Umstand zu verstehen: daß es im Wesen einer Gruppe liegt, einige Wünsche zu befriedigen und andere nicht; aber ich habe den Verdacht, daß Verstimmung in einer Gruppe vor allem durch den Ausdruck von Impulsen, die der Einzelne anonym befriedigen möchte, und durch die Frustration verursacht wird, die sich für den Einzelnen aus den Folgen dieser Befriedigung ergibt. Mit andern Worten, in diesem Bereich, den ich einstweilen als die Gruppenmentalität abgegrenzt habe, möchte ich die Ursachen dafür suchen, daß die Gruppe dem Einzelnen kein erfülltes Leben bietet. Man wird bemerken, daß die Situation paradox und widersprüchlich ist, aber vorderhand will ich nicht den Versuch machen, diese Widersprüche aufzulösen. Ich will von der Annahme ausgehen, daß die Gruppe im Grunde fähig ist, dem Einzelnen zur Befriedigung einiger Bedürfnisse seines geistigen Lebens zu verhelfen, die er allein nicht befriedigen kann. Dabei lass ich selbstverständlich diejenigen psychischen Bedürfnisse aus, die nur in Einsamkeit, und auch — nicht ganz so selbstverständlich — die Bedürfnisse, die innerhalb seiner Familie befriedigt werden können.

Der Fähigkeit der Gruppe, die Bedürfnisse des Einzelnen zu befriedigen, stellen sich, so meine ich, die Anforderungen der Gruppenmentalität entgegen. Die Gruppe begegnet diesen Anforderungen, indem sie eine charakteristische Gruppenkultur herausbildet. Ich gebrauche das

Wort „Gruppenkultur“ in äußerst weitem Sinne; ich rechne dazu die Struktur, die sich die Gruppe jeweils gibt, die Beschäftigungen, denen sie nachgeht, und die Organisationsform, die sie annimmt.

Ich komme jetzt auf meine Überlegungen (S. 28) über die Motive zurück, die dem Verlangen der Gruppe nach einem Anführer zugrunde liegen. Ich habe darüber zunächst gesagt, in der dort geschilderten Situation scheine es entweder ein Gefühlsrelikt zu sein, das sinnlos am Werke sei, oder aber die Reaktion auf irgendeine Anforderung, die durch das Bewußtsein einer an dieser Stelle noch nicht definierten Situation hervorgerufen sei. Der dort unternommene Versuch, die Gruppe so aufzubauen, daß sie aus einem Anführer und seinen Gefolgsleuten bestünde, aus deren Mitte er überlegen hervorragte, ist ein sehr gutes Beispiel für das, was ich zu dem Begriff „Kultur“ rechnen will. Wenn wir annehmen, daß die undefinierte Situation die Gruppenmentalität ist, von der ich gesprochen habe, und ich glaube, diese Annahme war wohlbegründet, dann handelte es sich um einen Versuch der Gruppe, der Forderung, die an ihre Fähigkeit zur Befriedigung individueller Bedürfnisse gestellt wurde, durch diese simple Gruppenkultur mit Führer und Gefolgsleuten zu begegnen. Man wird sehen, daß die Gruppe in der Sicht, die ich jetzt skizziere, als ein Wechselspiel zwischen individuellen Bedürfnissen, Gruppenmentalität und Gruppenkultur betrachtet werden kann. Um anschaulich zu machen, was ich mit dieser Dreiheit meine, lasse ich eine weitere Episode aus einer Gruppe folgen.

In einer therapeutischen Gruppe war ich drei oder vier Wochen lang sehr schlecht angeschrieben. Meine Beiträge wurden ignoriert — die Reaktion war meistens eine höfliche Pause und dann die Fortführung des Gespräches, das sich, soweit ich erkennen konnte, durch meine Bemerkungen nicht von seinem Kurs hatte ablenken lassen. Dann plötzlich zeigte ein Patient Symptome von „Irrsinn“, wie die Gruppe meinte, und gab Äußerungen von sich, die auf Halluzination zu beruhen schienen. Augenblicklich stellte ich fest, daß ich wieder in die Gruppe aufgenommen war. Ich war der gute Führer, der Herr der Lage, der mit einer derartigen Krise ohne weiteres fertigzuwerden wußte — kurz, so offensichtlich der richtige Mann am richtigen Platz, daß es von jedem andern Mitglied der Gruppe vermessen gewesen wäre, helfend eingreifen zu wollen. Die Geschwindigkeit, mit der sich die Bestürzung in größte Seelenruhe verwandelte, war geradezu unglaublich. Ehe der Patient die Gruppe in Schrecken setzte, wurden meine Deutungen mit feierlichem Schweigen aufgenommen, als wären sie Orakelsprüche — aber die Sprüche eines im Abstieg begriffenen Orakels, denn niemand hätte es sich im Traume einfallen lassen, ihrem Inhalt Beachtung zu schenken. Nachdem aber der Schreck die Gruppe gepackt hatte, war ich der Mittelpunkt eines Kultes auf der Höhe seiner Macht.

Vom Standpunkt eines gewöhnlichen Menschen betrachtet, der eine ernsthafte Arbeit verrichten will, war keine der beiden Situationen befriedigend. Eine Gruppenstruktur, in der ein Mitglied ein Gott ist, gleich ob anerkannt oder diskreditiert, ist nur von sehr begrenztem Nutzen. In diesem Falle hätte man die Kultur der Gruppe beinahe als eine Miniaturtheokratie bezeichnen können. Es kommt mir auf diesen Ausdruck nur insofern an, als er zur Definition dessen beiträgt, was ich in diesem Falle mit dem Worte „Kultur“ gemeint hätte.

Als nächstes ist es zur richtigen Anwendung meiner Hypothese über Individuum, Gruppenmentalität und Gruppenkultur erforderlich, daß ich die Eigenschaften der beiden andern Glieder der Dreiheit zu definieren suche. Vor dem Wendepunkt war die Gruppenmentalität die gewesen, daß die Befriedigung der Bedürfnisse des Einzelnen erfolgreich verweigert wurde durch die Schaffung eines guten, freundschaftlichen Verhältnisses zwischen den Patienten und einer feindseligen, skeptischen Einstellung mir gegenüber. Auf diesen einen Patienten wirkte die Gruppenmentalität sehr stark ein — aus Gründen, auf die ich nicht einzugehen brauche. Indem man die Gruppenkultur ein wenig enthüllte, war es in diesem Falle möglich, eine Veränderung in der Gruppe herbeizuführen, ohne die Gruppenmentalität oder ihre Auswirkung auf den Einzelnen zu erhellen. Die Gruppe veränderte sich und wurde in Anschauungen und Verhalten Schulkindern in der Latenzperiode ganz ähnlich. Der schwer gestörte Patient war — zumindest äußerlich — nicht mehr gestört. Einzelne machten dann von neuem den Versuch, ihre Fälle darzulegen, aber was sie vorbrachten, waren nur triviale oder schmerzlose Probleme. Dann war ich in der Lage, der Gruppe zu sagen, sie habe sich eine kulturelle Struktur gegeben, die der des Spielplatzes entspreche; man müsse zwar annehmen, daß sie auf diese Weise mit einigen ihrer Schwierigkeiten halbwegs fertigwerde — mit der Gruppenmentalität, meinte ich, sprach es aber nicht aus; aber es sei doch eine Kultur, die es allenfalls gestatte, Probleme von solcher Art anzuschneiden, bei denen wohl auch ein Schulkind helfen könnte.

Die Gruppe veränderte sich abermals und wurde zu einer Gruppe, in der alle, auch ich, mehr oder weniger auf einer Stufe zu stehen schienen. Gleichzeitig sprach eine Frau, zum erstenmal seit einem halben Jahr, von sehr ernsthaften Eheschwierigkeiten, die ihr zu schaffen machten.

Diese Beispiele geben hoffentlich einen Begriff davon, was ich mit „Gruppenkultur“ meine, und zeigen wohl auch, warum ich den Versuch für notwendig halte, nach Möglichkeit zwei von den drei Bestandteilen der Dreiheit zu erläutern.

Mein Versuch zur Vereinfachung mit Hilfe der Begriffe, die ich umrissen habe, dürfte ausgesprochen irreführend ausfallen, wenn sich der Leser nicht vor Augen hält, daß die Gruppensituation meistenteils verworren und verwirrend ist; die Wirksamkeit der Gruppenkultur oder dessen, was ich die „Gruppenmentalität“ genannt habe, tritt nur hin und wieder klar und deutlich hervor. Überdies wird nüchternes Denken durch den Umstand erschwert, daß man selbst in der emotionellen Situation drinsteckt. Es gibt Fälle, in denen die Einzelnen offensichtlich gegen die Apathie der Gruppe ankämpfen — zum Beispiel in der angeführten Szene, als zwei Gruppenangehörige fehlten. In diesem Falle habe ich das Verhalten, auf Grund des Verhaltens einiger Gruppenangehöriger, der Gruppe zugeschrieben. Daran ist nichts Außergewöhnliches: Einem Kinde sagt man, es mache der Schule Schande, weil man voraussetzt, das Verhalten eines Einzelnen werde als Verhalten aller ausgelegt werden. Den Deutschen sagt man, sie seien für das Verhalten der Nazi-Regierung verantwortlich; Stillschweigen, heißt es, bedeute Zustimmung. Niemandem ist recht wohl dabei, wenn von der Kollektivverantwortung so viel hergemacht wird; aber ich will trotzdem von der Annahme ausgehen, daß eine Gruppe, sofern sie nicht ausdrücklich von ihrem Anführer abrückt, ihm effektiv folgt. Kurz, ich will daran festhalten, daß ich mit vollem Recht sagen kann, eine Gruppe habe die oder die Gefühle, wenn in Wirklichkeit vielleicht nur ein oder zwei Einzelne durch ihr Verhalten eine Grundlage für eine derartige Feststellung zu bieten scheinen, die Gruppe aber im gleichen Augenblick durch keinerlei äußere Anzeichen zu erkennen gibt, daß sie diese Führung zurückweist. Es wird möglich sein, für den Glauben an die gemeinsame Verantwortung der Gruppe noch überzeugendere Gründe als nur negative Beweise zu finden, aber einstweilen betrachte ich einen negativen Beweis als ausreichend.

3

In den vorangegangenen Abschnitten habe ich den Beitrag erläutert, den ich in der Gruppe leiste. Ich habe gesagt, daß die emotionelle Situation fast immer angespannt und verworren ist, so daß es für den Psychiater, der zwangsläufig der Gruppe angehören muß, nicht leicht ist, festzustellen, was vorgeht. Frustrationsgefühle sind häufig, die Langeweile ist akut, und ein Ventil bilden häufig nur Ausbrüche der Verärgerung zwischen den Mitgliedern der Gruppe. Wenn eine Deutung, die ich gebe, eine seit Wochen dunkle Situation aufhellt, schließt sich sofort eine weitere Periode der Dunkelheit an, die ebenso lange anhält.

Um diese verwirrende Lage zu sondieren, überlege ich mir, was für eine Stellung ich zum jeweiligen Zeitpunkt in den Gefühlen der Gruppe einnehme, und ich beobachte gerne, zumindest zu meiner eigenen Genugtuung, was für eine Führerschaft andere in der Gruppe ausüben. Ich habe gesagt, daß es zur Aufhellung der Gruppenspannungen nützlich sei, die Existenz einer Gruppenmentalität anzunehmen. Mit diesem Wort bezeichne ich das, was ich für den einmütigen Ausdruck des Willens der Gruppe halte — einen Willensausdruck, zu dem die Einzelnen anonym beitragen. Ich habe gesagt, dieses Phänomen im Seelenleben der Gruppe rufe meiner Ansicht nach Schwierigkeiten für den Einzelnen bei der Verfolgung seiner Ziele hervor. Drittens und letztens habe ich eine Gruppenkultur postuliert, womit ich diejenigen Aspekte des Verhaltens der Gruppe bezeichnete, die aus dem Konflikt zwischen der Gruppenmentalität und den Wünschen des Einzelnen zu entstehen schienen. Um das Gemeinte anschaulich zu machen, habe ich einige Beispiele für die Erfahrungen genannt, durch die ich darauf gekommen bin, diese Begriffe einzuführen.

Wenn ich der Gruppe eine Deutung gebe, vermeide ich Ausdrücke wie „Gruppenmentalität". Die Ausdrücke, die man gebraucht, sollen so einfach und so genau sein wie möglich. Wenn ich von der Gruppenmentalität rede, sage ich also etwa: „Ich glaube, in den letzten fünf Minuten hat sich die Gruppe darauf geeinigt, jeden in Verlegenheit zu bringen, der irgend etwas sagt oder tut, was mir helfen kann, weitere Deutungen zu geben." Dann würde ich die Tatsachen nennen, die zeigen, wie die Gruppe das getan hat, und die mich auf den Gedanken gebracht haben, die Gruppe habe wie ein Team zusammengearbeitet, selbst wenn ich das Zustandekommen dieser Teamarbeit vielleicht nicht habe beobachten können. Wenn ich Anhaltspunkte dafür zu haben glaube, nenne ich sie.

Oder wenn ich von der „Gruppenkultur" spreche, sage ich: „Wir verhalten uns jetzt, als ob wir gleichgestellt wären, lauter erwachsene Menschen, die ganz offen miteinander über das Problem diskutieren, mit Toleranz für abweichende Meinungen und ohne Sorge um ein ‚Recht', einen Standpunkt zu vertreten."

Oder wenn ich vom Individuum spreche, sage ich vielleicht: „Herr X hat Schwierigkeiten, weil er gerne möchte, daß eines seiner Probleme behandelt wird, aber er hat das Gefühl, er würde sich bei der übrigen Gruppe unbeliebt machen, falls er den Versuch nicht aufgibt."

Mit diesem letzten Beispiel will ich zeigen, daß sich die Situation ebensogut auch anhand der Gruppenmentalität hätte beschreiben lassen, wie in dem ersten Beispiel. Das ist an sich nicht von Bedeutung, aber der Psychiater muß entscheiden, welche Beschreibung ihm selbst die Situation am besten klarmacht, und ferner, in welchen Ausdrücken er sie der Gruppe beschreiben soll.

Bei der Formulierung von Deutungen will ich mich nicht länger aufhalten; das ist zwar wichtig, aber ich glaube, es läßt sich in einem Buche nicht recht vermitteln. Ich nehme also an, der Leser hat verstanden, daß die Situation konkret beschrieben und die Fakten so vollständig und genau wie möglich vorgebracht werden sollten, ohne daß man jedoch die theoretischen Begriffe erwähnt, die der Auffassung des Psychiaters zugrunde liegen.

Wie hat sich die Anwendung dieser drei Begriffe — der Gruppenmentalität, der Gruppenkultur und des Individuums — als voneinander abhängiger Phänomene in der Praxis bewährt? Nicht sehr gut; ich habe festgestellt, daß die Gruppe in unangenehm unberechenbarer Weise reagierte. Ich war in der Lage, Deutungen der hier skizzierten Art zu geben, und hin und wieder ließ sich die Reaktion, die darauf folgte, als eine logische Fortentwicklung aus meiner Deutung erklären, aber es gab auch verwirrende Ausnahmen. Die Gruppe veränderte sich bisweilen derart, daß ich mit meiner Kunst am Ende war und meine Theorien nicht in einer für mich sinnvollen Weise anzuwenden vermochte. Entweder hatte ich das Gefühl, sie seien unanwendbar, oder aber, sie beleuchteten irgendeinen belanglosen Aspekt der Situation.

Ich wünschte, ich könnte konkrete Beispiele anführen, aber ich kann ja nicht festhalten, was tatsächlich gesagt wurde, und auf alle Fälle wurden meine Theorien nicht durch die gesprochenen Worte durchlöchert, sondern durch die Emotionen, die sie begleiteten. Ich will mich daher mit einer zugegebenermaßen subjektiven Darstellung begnügen.

Ich habe gesagt, die Wirkung der Deutungen sei unberechenbar gewesen; doch nach einer Weile hatte ich den Eindruck, daß einige Verhaltensweisen sich wiederholten, darunter besonders eine, die folgendermaßen aussah: Zwei Mitglieder der Gruppe kamen ins Gespräch; manchmal war der Kontakt zwischen ihnen kaum in Worte zu fassen, aber es war doch deutlich zu erkennen, daß sie miteinander beschäftigt waren und daß auch die Gruppe insgesamt diesen Eindruck hatte. In diesen Fällen pflegte die Gruppe in aufmerksamem Schweigen dazusitzen — ein recht überraschendes Verhalten, wenn man bedenkt, daß der Neurotiker sonst nichts von einer Tätigkeit wissen will, bei der nicht sein eigenes Problem im Mittelpunkt steht. Immer wenn sich eine derartige Beziehung zwischen zwei Menschen in der Gruppe herausbildet, gleich ob es sich um einen

Mann und eine Frau, zwei Männer oder zwei Frauen handelt, so scheint sowohl bei der Gruppe wie bei dem betreffenden Paar die Grundannahme zu bestehen, die Beziehung sei sexuellen Charakters. Es ist, als könnten zwei Menschen einfach aus keinem anderen Grunde zueinander finden als eben aus sexuellen Gründen. Die Gruppe duldet diese Situation, und wenn auch verständnisinnig gelächelt wird, so scheint die Gruppe doch nichts dagegen zu haben, daß die beiden ihren Kontakt unbegrenzt fortsetzen. Es gibt Ausnahmen, aber sie sind nicht so zahlreich, wie man erwarten sollte, wenn man bedenkt, daß die übrigen Individuen in der Gruppe allerlei auf dem Herzen haben, das sie gerne von sich geben möchten.

Selbstverständlich können zwei Menschen in einer Gruppe nicht nur aus sexuellen Motiven zueinander finden, sondern zu einer ganzen Reihe anderer Zwecke; sicherlich besteht daher ein beträchtlicher Konflikt zwischen dem Wunsche der beiden, das Ziel zu verfolgen, das sie bewußt im Auge haben, und den Gefühlen, die auf die Grundannahme zurückgehen, daß zwei Menschen sich nur zu einem einzigen Zwecke zusammenfinden können, nämlich dem sexuellen.

Nach einiger Zeit verfallen die beiden in Schweigen, und wenn man sie nach dem Grunde fragt, finden sie ohne weiteres allerlei plausible Erklärungen — sie wollten das Gespräch nicht allein bestreiten; sie hätten alles gesagt, was sie zu sagen hatten. Ich leugne die Gültigkeit dieser Erklärungen nicht, möchte aber eine weitere hinzufügen: nämlich das Bewußtsein, daß ihr Kontakt nicht der Grundannahme der Gruppe entspricht — oder im anderen Falle: daß er zwar der Grundannahme der Gruppe entspricht, nicht aber den anderen Anschauungen über gehöriges Benehmen in der Öffentlichkeit.

Jeder, der schon einmal eine Untersuchungsmethode angewendet hat, die von der Anwesenheit zweier Menschen abhängt, wie es bei der Psychoanalyse der Fall ist, ist — so kann man sagen — nicht nur an der Untersuchung einer Persönlichkeit durch eine andere beteiligt, sondern untersucht auch die Mentalität — zwar nicht einer Gruppe, aber eines Paares. Wenn meine Beobachtung über die Grundannahme der Gruppe zutrifft, dann ist es nicht überraschend, daß eine solche Untersuchung die Sexualität in einer zentralen Position und andere Emotionen als mehr oder weniger sekundär zu zeigen scheint.

Wenn die Grundannahme über das Paar dahingeht, daß die beiden zu sexuellen Zwecken zusammenkommen, was für eine Grundannahme hat eine Gruppe dann in bezug auf Menschen, die in einer Gruppe zusammenkommen? Die Grundannahme ist hier, daß die Menschen als Gruppe zusammenkommen, um die Gruppe zu erhalten. Es ist häufig, daß die

Diskussion zum Überdruß führt, weil sie sich zu sehr damit beschäftigt, abwesende Mitglieder als eine Gefahr für den Zusammenhalt der Gruppe hinzustellen und anwesende Mitglieder wegen ihrer Anwesenheit lobend herauszustreichen. Wer mit Gruppen dieser Art nicht vertraut ist, würde sich wundern, wie lange eine Gruppe von intelligent wirkenden Menschen auf diesem äußerst begrenzten Thema herumreiten kann, als wäre die Diskussion emotionell befriedigend. Man gibt sich keine Mühe, dafür zu sorgen, daß die Gruppe es wert ist, erhalten zu bleiben, ja, Einwände gegen diese Beschäftigung der Gruppe oder Vorschläge zu einer anderen Beschäftigung werden als unwesentlich für die Diskussion über den befürchteten Zerfall der Gruppe angesehen. Außerhalb der Gruppe — und manchmal auch in ihr — glauben Einzelne, die Art der Beschäftigung in der Gruppe reguliere die Intensität des Wunsches, ihr anzugehören; aber in der Gruppe dauert es einige Zeit, bis die Einzelnen nicht mehr von dem Gefühl beherrscht werden, die Verbundenheit mit der Gruppe sei Selbstzweck.

Zweitens möchte ich bemerken, daß die Gruppe nur zwei Methoden der Selbsterhaltung zu kennen scheint: Kampf oder Flucht. Eine Gruppe sucht, wenn sie als Gruppe funktioniert, immer wieder die Lösung aller ihrer Probleme in einer dieser beiden Methoden und kennt keine andern. Die Häufigkeit, mit der das geschieht, war das erste, was mich auf den Gedanken gebracht hat, es gebe möglicherweise eine Grundannahme über das Entstehen einer Gruppe. Auf Grund klinischer Beobachtung kann man mit gleichem Recht entweder sagen: die Grundannahme sei, daß die Gruppe zu Kampf und Flucht zusammengekommen sei, oder: sie sei zusammengekommen, um die Gruppe zu erhalten. Die letzte Hypothese eignet sich recht gut zur Erklärung, warum die Gruppe, die sich unduldsam gegen Betätigungen zeigt, die nicht Formen von Kampf oder Flucht sind, trotzdem die Bildung von Paaren duldet. Die Fortpflanzung wird für die Erhaltung der Gruppe als gleich bedeutsam erkannt wie Kampf und Flucht.

Die Konzentration auf Kampf oder Flucht führt die Gruppe dazu, andere Betätigungen zu ignorieren oder, wenn das nicht möglich ist, sie zu unterdrücken oder sich ihnen zu entziehen. Der Gegensatz zwischen der Grundannahme einer Gruppe über die Gruppe und anderen Anschauungen darüber, was eine Gruppe tun kann, ist ebenso scharf wie der Gegensatz zwischen der Grundannahme über Paare und anderen Anschauungen darüber, wozu Paare da sind.

Der Grundannahme über Gruppen entspringen etliche Nebenannahmen, von denen einige unmittelbar bedeutsam sind. Der Einzelne hat das Gefühl, daß es in einer Gruppe erst in zweiter Linie auf das Wohl des

Einzelnen ankomme — die Gruppe geht vor, auf der Flucht wird der Einzelne im Stich gelassen; die Hauptsache ist, daß die Gruppe fortlebt — nicht der Einzelne.

Die Grundannahme der Gruppe steht in sehr scharfem Gegensatz zu der Vorstellung von einer Gruppe, die zu schöpferischer Tätigkeit zusammengekommen ist, besonders zu der Vorstellung von einer Gruppe, die den psychologischen Schwierigkeiten ihrer Mitglieder begegnen will. In der Regel besteht das Gefühl, daß es auf das Wohl des Einzelnen nicht ankomme, solange nur die Gruppe fortbesteht. Jede Methode der Beschäftigung mit der Neurose, die weder die Neurose bekämpft noch vor ihrem Träger davonläuft, gilt entweder als nicht existent oder als dem Wohl der Gruppe direkt zuwiderlaufend. Eine Methode wie die meine wird nicht anerkannt, weil sie keiner der beiden grundlegenden Techniken der Gruppe entspricht.

Wir alle leben in Gruppen und haben reichlich Erfahrung darin, sei es auch unbewußt, was das bedeutet. Es ist daher nicht überraschend, daß Kritiker meiner Versuche, mit Gruppen zu arbeiten, meinen, diese Methode müsse entweder unangenehm für den Einzelnen sein oder ihm seine Probleme zu umgehen helfen. Es wird angenommen, wenn der Mensch als Herdentier eine Gruppe wähle, so tue er das, um gegen etwas zu kämpfen oder davor davonzulaufen.

Die Existenz einer solchen Grundannahme ist ein nützliches Hilfsmittel, um zu erklären, warum Gruppen zeigen, daß sie von mir, der ich als aus der Gruppe herausragender Führer angesehen werde, zugleich meinen, ich drückte mich um die Aufgabe herum. Die Art von Führerschaft, die als zweckentsprechend anerkannt wird, ist die Führerschaft des Mannes, der die Gruppe zum Angriff auf jemanden mobilisiert oder aber sie auf der Flucht anführt.

In diesem Zusammenhang komme ich noch einmal auf das Experiment in der Behandlung von Soldaten zurück, das ich zusammen mit Dr. Rickman[1] im Militärlazarett Northfield unternommen habe. Dort war die Annahme entweder, daß wir Soldaten fronttauglich machen wollten, oder aber, daß wir einem Haufen von Drückebergern helfen wollten, sich weiterhin zu drücken. Der Gedanke, daß es uns auf Behandlung ankomme, wurde als eine raffinierte, aber leicht durchschaubare Täuschung betrachtet. Wir lernten, daß Anführer, die weder kämpfen noch davonlaufen, nicht leicht auf Verständnis stoßen.

Die Untersuchung hat jetzt folgenden Stand erreicht: Reaktionen auf Deutungen, die von den Begriffen der Gruppenmentalität, der Gruppen-

---

[1] Siehe S. 7—19.

kultur und des Individuums ausgingen, ließen darauf schließen, daß meine Theorien nicht ausreichten. Bei weiterer Untersuchung trat die Existenz von Grundannahmen über das Ziel von Zweierbeziehungen und Gruppenbeziehungen zutage. Im Lichte dieser Grundannahme möchte ich den Begriff der Gruppenmentalität abwandeln, und zwar folgendermaßen:

Die Gruppenmentalität ist der einmütige Ausdruck des Willens der Gruppe, zu dem der Einzelne beiträgt, ohne sich dessen bewußt zu sein, und der unangenehm auf ihn einwirkt, sobald er in einer Weise denkt oder handelt, die zu den Grundannahmen im Widerspruch steht. Sie ist also ein Mechanismus von Querverbindungen, der sicherstellen soll, daß das Gruppenleben mit den Grundannahmen in Einklang steht.

Die Gruppenkultur ist eine Funktion des Gegensatzes zwischen den Wünschen des Einzelnen und der Gruppenmentalität. Daraus ergibt sich, daß die Gruppenkultur stets Anzeichen der ihr zugrunde liegenden Annahmen aufweist.

Zu den beiden Grundannahmen, die ich bisher dargestellt habe, muß ich noch eine weitere hinzufügen. Es ist die Grundannahme, daß die Gruppe sich zusammengefunden habe, um von einem Individuum, von dem sie abhängt, Sicherheit zu erlangen.

Weiter oben (S. 20—29) habe ich eine Gruppe dargestellt, die der Unterschied zwischen dem, was sie von mir erwartete, und dem, was sie tatsächlich fand, in Verwirrung setzte. Man war darauf bedacht, daß die Gruppe sich in gewohnten Geleisen bewegen sollte, etwa denen eines Seminars oder eines Vortrages. Obwohl jedem Einzelnen klar war, daß wir zusammengekommen waren, um Gruppen und ihre Spannungen zu studieren, war in der Gruppe selbst eine derartige Betätigung meinerseits anscheinend nicht verständlich. Als ein anderer Führer auf den Schild erhoben wurde, ließ die Gruppe auch ihn bald wieder fallen und setzte mich von neuem an die Spitze, war aber nach wie vor nicht gewillt, die Art von Führung, die ich bot, anzuerkennen oder anzunehmen. Ich habe den Wunsch der Gruppe dargestellt, mich von der Teilnahme auszuschließen. Bei einer anderen, nicht unähnlichen Gelegenheit berichteten mir Gruppenmitglieder von Versuchen, die Gruppensitzung zu sabotieren. In dem betreffenden Abschnitt habe ich gesagt, daß die Gruppe nach einem Führer verlangte, damit er eine Funktion ausübe, die gar kein Betätigungsfeld hatte oder für die ich zumindest keines erkennen konnte.

Meine modifizierten Theorien hätten mich in die Lage versetzt, die Situation besser zu verstehen, als ich es damals konnte; meine Erklärungen und Deutungen hätten größeren Zusammenhalt aufgewiesen, hätte ich sie zu den eben dargestellten Begriffen in Beziehung setzen können.

Zunächst: der Versuch, die Gruppe als Seminar zu benützen, verfolgte die Absicht, die Gruppe fest auf einer entwickelteren, rationalen Verhaltensebene zu halten, die zur Erreichung der Ziele, denen die Einzelnen nachgehen wollten, geeignet wäre; es war, als wüßte die Gruppe, daß andernfalls mein Verfahren zu der unerwünschten Herausbildung einer Gruppe führen würde, die der Erfüllung der bewußten Wünsche des Einzelnen eher hinderlich als förderlich wäre.

Als dieser Versuch mißlang, bildete sich allmählich die Gruppe heraus, die — nach meiner Theorie — von der Grundannahme der Einigkeit zum Zwecke von Kampf oder Flucht beherrscht ist.

Als diese Gruppe sich herausbildete, blieb die Führung, die ich ausübte, nicht länger als Führung erkennbar. Aus der Warnung vor Sabotage hätte ich, wenn ich der Führer gewesen wäre, den die Gruppe erwartete, die Aufforderung herausgehört, die Existenz eines Feindes anzuerkennen — die wichtigste Voraussetzung für eine Gruppe dieser Art. Wenn man nur entweder kämpfen oder fliehen kann, muß man etwas finden, gegen das man kämpfen oder wovor man fliehen kann.

Der Ersatz-Anführer scheiterte; aber in dieser Hinsicht war die Gruppe eigenartig. Nach meiner Erfahrung finden die meisten Gruppen, nicht nur therapeutische Gruppen, einen Ersatz, der sie wirklich befriedigt. Für gewöhnlich ist es ein Mann oder eine Frau mit ausgeprägten paranoiden Tendenzen; wenn die Gruppe selbst nicht ohne weiteres einen Feind sehen kann, ist es für sie vielleicht die zweitbeste Lösung, sich einen Anführer zu wählen, der das sehr wohl kann.

Eine neuerliche Betrachtung meiner früheren Gruppenerlebnisse läßt erkennen, daß diese Erlebnisse mit meinen modifizierten Begriffen nicht unvereinbar waren. Aber nun zur Anwendung dieser Theorien in der Praxis.

Ich hatte einer Gruppe in meinen Deutungen gezeigt, wie die Behandlung bei den Mitgliedern unangenehme Gefühle hervorrief. Die Deutungen hatten die Wirkung gehabt, die Mitglieder spüren zu lassen, daß ich die „gute“ Gruppe bedrohte. An einer Stelle drehte sich meine Deutung zufällig um Äußerungen von Fräulein Y. Sie hörte sich an, was ich sagte, und ging darüber hinweg, als hätte ich kein Wort gesagt. Ein paar Minuten später, als ich eine weitere Deutung derselben Art gab, geschah dasselbe; ein paar Minuten später noch einmal. Die Gruppe verfiel in Schweigen. In dem Augenblick, als Fräulein Y meine Deutung ignoriert hatte, wurde mir bewußt, daß die Gruppe sich als Gruppe zusammengeschlossen hatte; daran gab es für mich gar keinen Zweifel. Am Ende meiner dritten Deutung war ich nicht nur überzeugt, daß die Gruppe sich zusammengeschlossen hatte, sondern daß sie es getan hatte, um meinen

Interventionen ein Ende zu setzen. Ich hatte das sichere Gefühl, daß diese Entschlossenheit sich in Herrn X verkörpere, der überhaupt nie den Mund aufgemacht hatte. Herr X war ein Mann mit starken Haßgefühlen und ausgeprägter Furcht vor seiner Aggressivität. Er sprach nur, wenn die Gruppe entweder eine Paarbildungsgruppe war oder eine Gruppe zur Befriedigung des Abhängigkeitsbedürfnisses. In Gruppen dieser beiden Typen sprach er zwar, aber doch schüchtern, zumindest bis er sich freigeredet hatte. In der Gruppe aber, die sich soeben zusammengeschlossen hatte, saß er schweigsam da und erweckte den Eindruck tiefer emotionaler Befriedigung. So auch an dieser Stelle in meiner Geschichte.

Während alles schwieg, fiel mir auf, daß auch ein anderer Patient starke emotionale Befriedigung empfand. Er schien Herrn X in mancher Hinsicht an Bedeutung nachzustehen. Herr M — so will ich ihn nennen — saß da und starrte Herrn X an. Hin und wieder wanderten seine Augen nachdenklich zu anderen Mitgliedern, als wollte er aufpassen, ob ein anderer sich ihm bemerkbar zu machen suche. Herr M spricht selten von seinen eigenen Schwierigkeiten. Er spricht so, als wolle er der Gruppe Mut machen, indem er zeigt, daß Offenheit nichts schadet; aber wenn das sein Ziel ist, so muß er scheitern, denn wer einigen Scharfblick besitzt, zieht aus seinen Äußerungen, die eine geschickte und sorgsame Auswahl verraten, gewiß andere Schlüsse. Diesmal also ließ er seine Augen schweifen und sah den einen oder andern an, um ihn zum Sprechen aufzufordern, aber niemand folgte der Aufforderung.

Fräulein J begann von einer Unannehmlichkeit zu berichten, die sie bei ihrer Arbeit erlebt hatte. Als sie damit fertig war, schaltete sie frisch und munter eine provisorische Deutung ihres Verhaltens ein. Dann schilderte sie einige weitere Episoden, gab aber schließlich den Versuch auf, die eisige Feindseligkeit der Gruppe zu ignorieren. Ehe sie schwieg, bemerkte sie noch, sie sei wahrscheinlich zu gehemmt, um weiterzusprechen.

Fräulein H, die als nächste in die Bresche trat, schaffte nur wenige Sätze, ehe sie steckenblieb.

Als die Stille einige Zeit angedauert hatte, sagte ich, manche — besonders Fräulein J und Fräulein H — hätten den Versuch gemacht, mit der Behandlung weiterzukommen, wie es sich ihrer Meinung nach gehörte; sie hätten von ihren Schwierigkeiten gesprochen, teils weil sie meinten, das sei nützlich und könne mir helfen, und teils weil sie der feindseligen Stimmung in der Gruppe ein Ende machen wollten. Das Stillschweigen, so gab ich zu bedenken, könne man sowohl als Ausdruck der Feindseligkeit der Gruppe betrachten wie auch als Ausdruck des Bewußtseins der Einzelnen, daß sich in der Gruppe, so wie sie sei, keine produktive Arbeit leisten lasse.

Die Situation, die ich beschrieben habe, war eine gefühlsgeladene Situation, die sich durch eine Aufzeichnung der Worte, die gesprochen wurden, nicht ohne weiteres wiedergeben läßt. An solche Episoden denke ich, wenn ich davon spreche, daß sich eine Gruppe als Gruppe zusammenschließt. Wenn die Gruppe sich auf diese Weise zusammengefunden hat, ist sie zu etwas geworden, das ebenso real ist und ebensosehr zum menschlichen Leben gehört wie eine Familie — aber sie ist keineswegs dasselbe wie eine Familie. Der Anführer einer solchen Gruppe ist weit davon entfernt, der Vater einer Familie zu sein. Bei bestimmten Gefühlszuständen, die ich später erörtern werde, kommt der Anführer wohl der Rolle eines Vaters nahe, aber in einer Gruppe dieser Art stellt jedes Mitglied, das elterliche Eigenschaften an den Tag legt, bald fest, daß es nichts von dem Ansehen, den Pflichten und Rechten hat, die gewöhnlich einem Vater oder einer Mutter eignen. Ja, soweit man von mir als Psychiater erwartet, daß ich elterliche Eigenschaften an den Tag lege, wird meine eigene Position in der Gruppe an dieser Stelle anomal, und die Erwartungen, die man an mich knüpft, wirken sich als ein weiterer Grund aus, mich aus der Gruppe auszuschließen, zusätzlich zu der Tatsache, daß mein Verhalten die Gruppe bereits dazu gebracht hat, sich gegen mich als ihren Feind zusammenzutun. Damit ich überhaupt auf der Bildfläche bleiben kann, ist die Autorität meiner Stellung als Psychiater nötig; denn die Grundannahme besagt ja, daß jemand, dem es in erster Linie auf das Wohl des Einzelnen ankommt, nicht am Platze sei.

Herr X hatte es in dieser Gruppe gar nicht nötig, etwas zu sagen; er war eins mit der Gruppe, denn die Hauptursache seiner Schuldgefühle — sein destruktiver Haß — war ein Gefühl, das von der Grundannahme, wonach die Gruppe sich zusammengefunden hat, um zu kämpfen oder davonzulaufen, zugelassen wird.

Herr M spielte eine interessante Rolle, die ich sorgsam beobachten mußte. Ehe ich eine der Gruppe verständliche Deutung geben konnte, mußte ich seinen Gesichtsausdruck und die Reihenfolge beobachten, in der er Gruppenangehörige zur Beteiligung aufforderte. Es war wie ein Stummfilm, in dem man sieht, wie jemand ein Orchester dirigiert: Was für eine Musik sollte man sich dazu vorstellen? Seine Funktion war die, Feindseligkeit wachzuhalten, damit niemand mein Unvermögen übersähe, irgendeine Änderung der Situation herbeizuführen.

Ich machte immer wieder im einzelnen auf die emotionellen Eigentümlichkeiten dieser Situation aufmerksam. Ich konnte darauf hinweisen, daß Einzelne, die hilfesuchend ihre eigenen Schwierigkeiten vorbrachten, ignoriert oder zurechtgestoßen wurden, daß Versuche zu konstruktivem Verhalten ähnlich behandelt wurden, daß zwischen allen Mitgliedern der Gruppe ein geheimes Einverständnis zu herrschen schien und daß wir in allem wie ein Team zusammenwirkten. Ich konnte zeigen, daß einige Mitglieder, z. B. Herr M, sich durch ein System oftmals sehr raffinierter Gesten mit den übrigen verständigten. Ich fügte hinzu, möglicherweise gebe es noch andere Verständigungsmittel, die wir noch nicht erkannt hätten, vielleicht weil unsere Beobachtungsfähigkeit noch sehr begrenzt sei.

Wenn ich sagte, man habe von meinen Deutungen keine Notiz genommen, so war das nicht ganz richtig. Es ging etwas vor, woraus ich entnahm, daß manches von dem, was ich sagte, ankam, aber äußerlich sah es so aus, als wäre ich durch eine schalldichte Glasscheibe von der übrigen Gruppe abgetrennt. Jedenfalls hatten meine Deutungen nicht den geringsten Einfluß auf ihr Verhalten, das eine gute halbe Stunde lang unempfänglich blieb, bis die Zeit um war.

Wie der Leser sich denken kann, mußte ich mich fragen, warum die Reaktion ausblieb. Möglicherweise waren meine Theorien wiederum mangelhaft oder aber meine Deutungen waren falsch. Ja, mir war so, als stünde ich vor einer ähnlichen Situation wie bei einer Psychoanalyse, wenn sich bei einer späteren Sitzung herausstellt, daß die mangelnde Reaktionsbereitschaft des Patienten keineswegs total gewesen ist.

So kam es in der Tat auch hier. Bei der nächsten Sitzung war die Gruppe das, was ich als eine Paarbildungsgruppe bezeichnet habe. Ich möchte jedoch die Schilderung dieser Gruppe lieber nicht fortsetzen, sondern statt dessen einen Vorfall in einer anderen Gruppe darstellen, der den Übergang von einer Gruppenkultur zur andern besser klarmachen dürfte. In dem angeführten Beispiel schienen die Deutungen in der Zeit zwischen den Zusammenkünften ihre Wirkung zu tun. Ich will nun von einer Sitzung berichten, in der sich der Übergang tatsächlich vollzog. Bei dem Fall, den ich wähle, war das Ausgangsstadium die Kampf-Flucht-Gruppe.

Die Gruppe war schon häufig im Kampf-Flucht-Zustand gewesen. In der Sitzung, von der ich erzählen will, erwies sich die Gruppenkultur als äußerst unangenehm für mehrere Einzelne in der Gruppe, und in diesem Augenblick fing ein Mann eine Unterhaltung mit mir an. Man kann nicht sagen, sie sei sinnlos gewesen, denn sie enthielt immerhin so viel Substanz, daß sie eine Antwort erforderte. Nach ein paar Sätzen brach der Mann ab, als merkte er, daß seine Begabung für die Kunst, zu reden, ohne etwas zu sagen, nicht weiterreiche, und als wollte er nicht so lange weitermachen, bis das auffällig würde. Auf ihn folgte eine Frau, die ziemlich genau dasselbe tat. Beide verhielten sich, als wären sie mit dem Erfolg ihres Unternehmens zufrieden. Beide wiederholten das Verfahren nacheinander bei zwei andern Gruppenangehörigen. An dieser Stelle versuchten andere, sich in ganz ähnlicher Weise zu unterhalten wie die Pioniere; aber es wurde spürbar, daß die Unterhaltungen nicht mehr sinnlos waren.

Hätte ich dieses Verhalten bei einer Psychoanalyse erlebt, so hätte ich zu der Auffassung geneigt, der Patient suche Rückversicherung, indem er einen möglichst freundschaftlichen Kontakt mit mir herstellte, ohne irgendwie das Wesen der Angst zu offenbaren, die ihn Rückversicherung suchen ließ.

Eine ganz ähnliche Deutung wäre auch in der Gruppensituation möglich gewesen. Aber wenn man dieses Verhalten richtig mit den Gefühlen des gegebenen Zeitpunktes und Schauplatzes verknüpfen wollte, dann mußte die Deutung die sozialen Funktionen gebührend berücksichtigen, die die Einzelnen ausübten. Ich deutete daher ihr Verhalten als eine Manipulation der Gruppe: Sie wollten der Kampf-Flucht-Kultur ein Ende machen, indem sie Paarbeziehungen herstellten. Der erste Schritt bei diesem Unternehmen war, daß sie Verbindung mit mir aufnahmen, weil die Erfahrung gezeigt hatte, daß ich voraussichtlich emotional nicht so tief in die Gruppensituation verwickelt war, um nicht reagieren zu können. Dann war es nur noch ein Schritt, mit andern Mitgliedern dasselbe zu tun, und von diesem Augenblick an dauerte es nur wenige Minuten, bis die Gruppe sich in eine Paarbildungsgruppe verwandelt hatte. War dies einmal geschehen, so wurde die Erörterung individueller Probleme wieder möglich.

Ich wollte mit diesem Beispiel anschaulich machen, wie der Übergang sich tatsächlich vollzieht, aber ich möchte noch bei dieser Episode bleiben, um zu zeigen, was den Einzelnen geschieht, wenn die Gruppe von einer Gruppenkultur zur andern übergeht und sich dann wieder zurückverwandelt.

Diese Gruppe hatte, wie gesagt, unter Frustrationen gelitten, die darauf zurückgingen, daß sie in einer Kampf-Flucht-Kultur zu leben versuchte. Eine Zeitlang schien die Paarbildungsgruppe willkommene Erleichterung zu schaffen, aber bald zeigte sich, daß auch diese Art von Gruppen ihre Nachteile hat. Zunächst einmal war meine eigene Rolle nicht sehr befriedigend zu fassen. In der Kampf-Flucht-Gruppe machte die Grundannahme der Gruppe es den Einzelnen schwer, von dem, was ich sagte oder tat, viel Notiz zu nehmen. In der Paarbildungsgruppe machte die Grundannahme es dem Einzelnen schwer, ein Gespräch mit mir aufrechtzuerhalten. Sie machte jedem Paar ein Gespräch schwer, aber die besondere Stellung, die der Therapeut einnimmt, verschärft die Schwierigkeit. Wer mit psychoanalytischer Theorie vertraut ist, wird verstehen, was für Schwierigkeiten sich im Laufe des Gespräches aufdrängen.

Ich habe erwähnt, daß die Reaktionen der Gruppe in der Kampf-Flucht-Kultur das Individuum mit paranoiden Tendenzen in den Vordergrund treten lassen. Ähnliche Wirkungen stellen sich ein, wenn die Gruppe zu anderen Kulturen übergeht. Hat man die Veränderungen beim Übergang von der Gruppenkultur mit der einen Grundannahme zu der Gruppenkultur mit einer anderen Grundannahme einmal erfaßt, so wird es möglich, diese Veränderungen für die klinische Beobachtung auszunutzen, ähnlich wie Wissenschaftler auf anderen Gebieten veränderte Wellenlängen benutzen können, um verschiedene photographische Erscheinungsbilder des Gegenstandes, den sie studieren wollen, zu erzielen.

Bei den beiden bisher besprochenen Gruppenkulturen ergeben sich Schwierigkeiten für den Psychiater, weil seine Tätigkeit nicht leicht in das hineinpaßt, was nach der Grundannahme von einem Anführer der Gruppe verlangt wird. Die Gruppe ist aus diesem Grunde nicht gewillt, den Beitrag, den der Therapeut leistet, anzunehmen. Ich glaube, wenn der Therapeut eine mangelnde Reaktionsbereitschaft von seiten der Gruppe erlebt, muß er dies als einen Faktor berücksichtigen, der neben den andern Faktoren sein Teil dazu beiträgt, daß der Therapeut abgelehnt wird. Sollte er den Verdacht haben, daß die Gruppe eine ebenso hohe Meinung von ihm hege wie er selber, so wird er sich fragen müssen, ob seine Führerschaft angefangen hat, derjenigen zu entsprechen, die nach der Grundannahme der Gruppe verlangt wird.

Ich möchte nun den Zustand betrachten, den ich als die Kultur der „abhängigen" Gruppe bezeichnet habe.

Die Grundannahme in dieser Gruppe scheint zu besagen, daß ein äußeres Objekt mit der Funktion existiere, dem unreifen Organismus Sicherheit zu bieten. Das bedeutet, daß immer die Auffassung herrscht, einer sei in der Lage, die Bedürfnisse der Gruppe zu befriedigen, und die übrigen seien in einer Lage, in der ihre Bedürfnisse befriedigt werden. Wenn eine Gruppe zu dieser Kultur übergeht und sie als Alternative zu derjenigen unter den beiden anderen Kulturen einführt, in der sie zuvor gelebt hat, so tritt eine ganz ähnliche Erleichterung ein, wie ich sie bereits beim Übergang von der Kampf-Flucht-Gruppe zur Paarbildungsgruppe beschrieben habe. Hat die Kultur sich durchgesetzt, so fangen Einzelne wieder an, ihr Unbehagen zu zeigen. Ein recht häufiges Phänomen dabei ist, daß sich Schuldgefühle wegen ihrer Gier einstellen. Kurze Überlegung zeigt, daß dies durchaus zu erwarten ist. Die Kampf-Flucht-Kultur und die Paarbildungskultur stellen, vom Standpunkt des Individuums aus gesehen, keine Relikte einer über ihre eigentliche Lebensdauer hinaus wirksamen Einstellung dar, obwohl man sie vielleicht als primitive Gruppenformen betrachten kann. Aber die Gruppe, die den Zweck hat, den Abhängigkeitszustand zu perpetuieren, bedeutet für den Einzelnen, daß es gierig von ihm ist, über die ihm zukommende Frist hinaus elterliche Sorge zu verlangen. So ergibt sich in dieser Gruppe ein ziemlich scharfer Konflikt zwischen der Grundannahme und den Bedürfnissen des erwachsenen Individuums. In den beiden anderen Gruppenkulturen ergibt sich der Konflikt zwischen den grundsätzlichen Anforderungen an das erwachsene Individuum und den Leistungen, die es, als Erwachsener, glaubt erbringen zu können. In dieser Kultur ist das Gefühl, daß der Psychiater so etwas wie ein Vater sei, viel deutlicher sichtbar, und das bringt die Komplikationen und Schwierigkeiten mit sich, die man erwarten kann. Verstimmung über die eigene Abhängigkeit ist ebenso zu beobachten wie Erleichterung. Die sexuellen Verlegenheiten sind anders als in der Paarbildungsgruppe. Zorn und Eifersucht kommen leichter zum Ausdruck, haben aber nicht die gleiche Wucht und erregen nicht soviel Furcht wie in der Kampf-Flucht-Gruppe. Das liegt natürlich an der Grundannahme, daß ein Wesen existiert, das dafür zu sorgen hat, daß leichtsinniges Verhalten Einzelner keine unliebsamen Folgen hat. In der Kampf-Flucht-Gruppe ist Haß nicht von solchen Rückversicherungen begleitet, weil man meint, der Anführer sei dazu da, dieses und andere Gefühle zum Ausdruck zu bringen. Obwohl es Erleichterung bedeutet, daß Gefühle freier ausgedrückt werden können, besteht doch ein Konflikt zwischen dem Wunsche, dies zu tun, und dem Wunsche, reif zu sein.

Als ich von der Gruppe sprach, die gern die Sitzung als Seminar betrachten wollte, habe ich gesagt, einer der Gründe dafür sei eine unbewußte Furcht gewesen, sofern die Gruppe nicht auf eine reife Struktur festgelegt wäre, könnten Gruppen der geschilderten Art sich leichter vordrängen, womit die angeblichen Ziele der Einzelnen, um derentwillen sie sich der Gruppe angeschlossen hatten, vereitelt anstatt gefördert würden. Dieser Impuls drückt sich bei der therapeutischen Gruppe schon darin aus, daß man sie als therapeutische Gruppe bezeichnet. Es scheint so vernunftgemäß, daß wir sie uns als eine therapeutische Gruppe vorstellen, daß wir annehmen, der Psychiater habe die Führung und daß wir nur von neurotischen Beschwerden sprechen; diese Denkweise und das entsprechende Verhalten können uns jedoch übersehen lassen, daß wir die Gruppe auf eine Verhaltensweise festzulegen suchen, die das Vordringen der gefürchteten Gruppentypen verhindert.

4

Im vorigen Abschnitt habe ich gesagt, Patienten brächten eine vorgefaßte Meinung mit, die sich ausgezeichnet als Fundament für eine Struktur eigne, die der Gruppe helfen soll, ihr Verhalten auf einer entwickelteren, rationalen Stufe festzulegen. Die vorgefaßte Meinung ist die, daß die Gruppe aus dem Arzt und den Patienten bestehe.

Wenn Menschen beispielsweise in einem Ausschuß zusammenkommen, werden Verfahrensregeln aufgestellt, und für gewöhnlich hat man eine Tagesordnung — die Formalitäten, nach denen gearbeitet wird, sind natürlich von Gruppe zu Gruppe verschieden. In den Gruppen, denen ich als Psychiater angehöre, bin ich kraft meiner Stellung der gegebene Mann, dem man das Recht übertragen kann, Verfahrensregeln aufzustellen. Ich nütze diese Stellung aus, indem ich keine Verfahrensregeln aufstelle und keine Tagesordnung vorschlage.

Sobald klar geworden ist, daß ich dies tue bzw. nicht tue, geht die Gruppe daran, meine Versäumnisse wettzumachen, und ihre Intensität dabei verrät, daß es um mehr geht als um eine Passion für gründliche Arbeit. Die Phänomene, gegen die sich die Gruppe schützt, sind keine andern als die Gruppenmanifestationen, die ich im vorigen Kapitel dargestellt habe: die „Kampf-Flucht-Gruppe", die „Paarbildungsgruppe" und die „abhängige" Gruppe. Es ist, als wäre sich die Gruppe bewußt, wie leicht und spontan sie sich selbst in einer Weise strukturiert, die dazu geeignet ist, nach diesen Grundannahmen zu handeln, wenn nichts dagegen unternommen wird. Ebenso wie Studenten die Vorstellung von einem Seminar oder einer Vorlesung benützen können, um eine differenzierte Struktur darauf aufzubauen, so hat die therapeutische Gruppe eine gebrauchsfertige Grundlage für eine Struktur vor sich: die herrschende Auffassung von neurotischen Störungen als einer Krankheit und von Therapeuten als „Ärzten".

Die abhängige Gruppe

Die Gruppe konzentriert sich zunächst darauf, diese Auffassung vom Arzt und den Patienten so fest wie möglich zu etablieren. Nach einer strengen Disziplin, die *ad hoc* eingeführt worden ist, beschränkt sie das Gespräch sorgsam und strikt auf Themen, die nur insofern von Bedeutung sind, als sie die Anschauung bekräftigen, daß Patienten mit einem Arzt sprechen. Auf diese Weise möchte die Gruppe den Eindruck erzielen, daß die Situation wohlbekannt und gleichbleibend sei.

Häufig hebt die Gruppe an dieser Stelle hervor, daß der Arzt der einzige ist, dem man Beachtung zollen müsse, und zeigt zugleich durch ihr Verhalten, daß sie nicht glaubt, er verstehe als Arzt seine Sache. Wenn der Psychiater selbst sich gedrängt fühlt, zur Wiederherstellung der differenzierten Struktur beizutragen, indem er Autorität als Psychiater beansprucht, so zeigt das, daß nicht allein der Patient das Bedürfnis nach einer wohlbekannten Situation empfindet. Die Aufrechterhaltung einer differenzierten Struktur hängt mit dem Gefühl zusammen, daß die Struktur nur auf wackeligen Füßen stehe und leicht umgeworfen werden könne. Wenn ich beobachte, wie eine Gruppe sich mit diesem Problem herumschlägt, muß ich an die in den letzten Jahren häufigen Warnungen denken, die gesamte Zivilisation sei in Gefahr. Das Problem des Führers scheint immer zu sein: Wie mobilisiert man Gefühle, die mit den Grundannahmen zusammenhängen, ohne die differenzierte Struktur zu gefährden, die dem Individuum seine Freiheit zu sichern scheint, ein Individuum zu sein und dabei doch Mitglied der Gruppe zu bleiben? Dieses Gleichgewicht der Spannungen ist es, das ich oben als ein Gleichgewicht zwischen Gruppenmentalität, Gruppenkultur und Individuum dargestellt habe.

Die Begründung einer differenzierten Struktur im Verhältnis von Arzt und Patient erweist, wie gesagt, bald ihre Unzulänglichkeit. Einer der Gründe dafür ist, daß sie nur eine dürftige Maskierung der abhängigen Gruppe ist, so daß sofort die diesem Gruppentyp eigentümlichen Reaktionen hervorgerufen werden und die differenzierte Struktur arg erschlafft.

Warum soll das etwas ausmachen? Im vorigen Abschnitt habe ich auf einige der Unannehmlichkeiten der Situation hingewiesen, und wir können nun noch einige weitere untersuchen. Die abhängige Gruppe, für die es charakteristisch ist, daß sie einen bestimmten Einzelnen auf den Schild erhebt, macht jedem Schwierigkeiten, der ehrgeizig ist oder auch nur sich Gehör verschaffen möchte, weil das in den Augen der Gruppe, und auch in seinen eigenen, bedeutet, daß er mit dem Führer rivalisiert. Man hat nicht mehr das Gefühl, daß die Gruppe Segen bringe, sondern der Führer allein. Daher haben die Individuen nur dann das Gefühl, behandelt zu werden, wenn sie mit dem Führer der Gruppe sprechen. Das führt zu dem Eindruck, man lasse sie zu kurz kommen, was um so unangenehmer ist, als sich damit das Gefühl verbindet, sie verlangten zuviel und gäben zuwenig. Die Erleichterung, die der Gedanke bieten könnte, daß dem Psychiater jeder Einzelne am Herzen liegt, hat keine große Überzeugungskraft in einer Gruppe, die schon seit einiger Zeit existiert und weiß, daß Heilung etwas anderes ist als ein vermutlich flüchtiges Erlebnis angenehmer Gefühle. Da jeder Einzelne meint, er sei nur so lange in Behandlung, wie er mit dem Psychiater spricht, glauben alle Teilnehmer, die Sitzung erziele ihre Fortschritte auf höchst unrationelle Weise. Dieser

Eindruck wird nur zum Teil durch detaillierte Erläuterungen darüber gemildert, wie sich die Gruppe trotz aller Unannehmlichkeiten an die Abhängigkeitsstruktur klammert.

Das Wesentliche an den Unannehmlichkeiten in einer Gruppe dieser Art ist, daß sie gerade aus dem Charakter der Gruppe selbst entspringen, und dieser Umstand sollte stets aufgezeigt werden.

Wenn eine Abhängigkeitsstruktur herrscht, ist es sehr häufig, daß jemand ein unangenehmes psychisches Erlebnis vorbringt, über das er gerne sprechen möchte. Die Haltung der Gruppe macht eine Beschäftigung mit seinem Problem schwierig. In der Frustration der Ziele des Patienten, die sich daraus ergibt, mag man einen schwerwiegenden Fehler dieser Gruppenmethode sehen; aber dem ist wiederum die Tatsache gegenüberzuhalten, daß es nun nicht darum geht, individuelle Therapie vor den Augen anderer zu treiben, sondern auf die gegenwärtigen Erfahrungen der Gruppe als solcher aufmerksam zu machen — in diesem Falle darauf, wie Gruppe und Individuen mit dem Individuum umgehen.

Noch eines ist zu bemerken: Gruppenpatienten kommen oft mit sorgfältig präparierten Reden im Kopfe an und sprechen nur, wenn sie glauben, sie könnten sich in einer Weise beteiligen, die sie selbst wählen. Wenn der Psychiater so reagiert, als triebe er Einzelbehandlung vor den Augen anderer, wird er bald merken, daß er gegen die Gruppe arbeitet, während der Patient mit ihr arbeitet. Wenn er klarsichtig genug ist, diese Falle zu umgehen, wird er bemerken, daß die auf den ersten Blick so plausible Verärgerung des Patienten, dessen dringende persönliche Schwierigkeit ignoriert wird, nicht so sehr auf der Frustration eines berechtigten Bestrebens beruht, sondern auf der Bloßlegung von Schwierigkeiten, die der Patient nicht erörtern wollte. Dazu gehören insbesondere seine Eigenschaften als Gruppenmitglied, die Eigentümlichkeiten der Gruppenzugehörigkeit, Grundannahmen und anderes mehr.

So fängt etwa eine Frau von einer persönlichen Schwierigkeit an, die ihr der Psychiater ihrer Meinung nach erleichtern könnte, wenn er auf sie einginge und ihre Assoziationen analysierte. Tut er das nicht, so stellt sie fest, daß sich eine völlig unerwartete Situation entwickelt hat. Es wäre verwunderlich, wenn der Psychiater dann nicht in der Lage wäre, Schwierigkeiten der Gruppe aufzuzeigen, darunter Schwierigkeiten der betreffenden Patientin, die nach Ansicht der Patientin ganz unwichtig sein mögen; aber am Ende stellt sich heraus, daß sie es durchaus nicht sind. Das ist freilich in der Psychoanalyse gang und gäbe — die Themen, die erörtert werden, sind nicht die, die der Patient erörtern wollte, als er kam. Aber es ist wichtig, sich darüber im klaren zu sein, daß der Psychoanalytiker in der Gruppe leicht einen groben Fehler begehen kann, den er bei einer Psychoanalyse nie begehen würde: indem er nämlich die Gruppe so behandelt, als wäre der Vorgang eine öffentliche Psychoanalyse. Der Psychiater sollte skeptisch sein, wenn er das Gefühl hat, er beschäftige sich mit dem Problem, mit dem er sich nach der Meinung des Patienten oder der Gruppe beschäftigen sollte. Das ist ein entscheidender Punkt. Wenn der Psychiater es versteht, die Gruppe energisch zu benutzen, statt sich fortwährend mehr oder weniger unbewußt für ihre Anwesenheit zu entschuldigen, wird er feststellen, daß die entstehenden unmittelbaren Schwierigkeiten durch die Vorteile einer richtigen Benutzung seines Mediums mehr als ausgeglichen werden.

In der abhängigen Gruppe ist die Flucht auf die Gruppe beschränkt, der Kampf auf den Psychiater. Der Impuls der Gruppe führt von dem feindlichen Objekt weg, der des Psychiaters führt darauf zu. Abgesehen davon scheinen Gruppengefühle nur mit Übergängen vom Bewußtseinszustand der abhängigen Gruppe zu einer der beiden andern Grundmodalitäten verbunden zu sein. Die Merkmale dieser Gruppe sind Unreife in individuellen Beziehungen und praktische Untüchtigkeit in Gruppenbeziehungen, es sei denn innerhalb der Grundannahme, obwohl gegen beide Elemente mit eifriger, bewußter Kommunikation angekämpft wird, so gut es die Einzelnen vermögen. Um die ganze Bedeutung dieser Punkte zu erfassen, müßte man diese Lage der Dinge mit den entsprechenden Verhältnissen in den anderen Gruppenmodalitäten vergleichen.

Außer bei dem Führer wird Furchtsamkeit in einer Gruppe dieser Art zur höchsten Tugend des Einzelnen. Beteiligung in diesem emotionalen Feld bedeutet erhöhte Befähigung zu sofortiger Flucht, sobald irgendein Gruppenangehöriger Furcht empfindet. Ein solcher Zustand ist sehr unangenehm für den Einzelnen, der sich schließlich seiner Wünsche als erwachsener Mensch in vollem Umfange bewußt bleibt.

Oft gibt die Gruppe sich die Struktur einer abhängigen Gruppe, um emotionalen Erlebnissen, die der Paarbildungs- und der Kampf-Flucht-Gruppe eigentümlich sind, auszuweichen. In mancher Hinsicht ist die abhängige Gruppe dazu sehr gut geeignet, weil die Gruppe sich auf das Erlebnis der Flucht beschränken und es dem Analytiker — sofern er dazu bereit ist — überlassen kann, zu erfahren, was es heißt, sich den Problemen zuzuwenden, vor denen die Gruppe flieht. Dieses symbiotische Erlebnis zwischen der Gruppe und mir, dem Psychiater, dient dazu, die Mitglieder vor dem Erlebnis gewisser Aspekte des Gruppenlebens zu bewahren, denen sie sich nicht gewachsen fühlen. Damit haben sie den Kopf frei für Übungen in der Herausbildung differenzierterer Beziehungen zu mir. Ich sage „zu mir", weil jedenfalls die ersten Erfahrungen mit der abhängigen Gruppe auf eine ausgeprägte Unfähigkeit der Individuen hindeuten, zu glauben, daß sie voneinander irgend etwas Lohnendes lernen könnten.

Nach dem Gesagten dürfte klar sein, daß Angehörige einer Gruppe im Bewußtseinszustand der Abhängigkeit ihre Erlebnisse unbefriedigend finden. Jedenfalls steht ihre Stimmung im Gegensatz zu der, die sie erleben, wenn sie alle ihre Sorgen auf den Anführer abgewälzt haben und nun seelenruhig darauf warten, daß er alle ihre Probleme löse. Dank der Deutungen, die ich habe geben können, sind sie nicht in der Lage, ihre augenblickliche Enttäuschung lediglich der Tatsache zuzuschreiben, daß ich nicht getan habe, was von dem Anführer einer Gruppe dieser Art erwartet wird. Ja, falls die Gruppe eine solche Vorstellung hegt, kann es nur daran liegen, daß es mir vollständig mißlungen ist, die Vorgänge aufzuhellen. Der springende Punkt ist, daß diese Grundannahme zusammen mit dem dazugehörigen Gefühlsbereich ihre charakteristischen Frustrationen hervorruft, von denen manche dem einen Patienten deutlich werden, manche einem andern.

Wenn die Untersuchung der abhängigen Gruppe fortgeschritten ist, wird es möglich, die Herausbildung gewisser Merkmale zu beobachten, denen wir uns nun zuwenden müssen. Die Gruppe gibt stets zu erkennen, sie erwarte von mir, daß ich mit der Autorität des Führers handle, und ich übernehme diese Verpflichtung, wenn auch anders, als es die Gruppe erwartet. In den Anfangsstadien scheint der Gedanke einleuchtend, daß diese Autorität auf der Vorstellung beruhe, ich sei der Arzt und sie seien die Patienten; aber es gibt Elemente im Verhalten der Gruppe, deren Herausbildung im Laufe der Zeit zeigt, daß die Lage vielschichtiger ist. Mit der entschiedenen Ansicht der Gruppe, daß niemand außer mir Anspruch auf Aufmerksamkeit habe, geht ein ebenso starkes Gefühl der Enttäuschung über meine Handlungsweise einher, mit einem unerschütterlichen Glauben an ihre Berechtigung, anzunehmen, ich sei durch Ausbildung und Erfahrung zur Führung der Gruppe qualifiziert, eine fast ebenso unerschütterliche Gleichgültigkeit gegen alles, was ich sage[2].

---

[2] Irrtümlich ist gesagt worden, meine Technik beruhe auf der Technik der führerlosen Gruppe, die im Kriege bei der Auswahl von Offiziersanwärtern für die britische Armee angewendet worden ist. Das trifft nicht zu. Ein Exposé, das ich 1940 schrieb, gab den Anstoß zu einem Experiment, das Dr. John Rickman im Wharncliffe Emergency Hospital unternahm und das später unter dem Namen „Wharncliffe Experiment" bekannt wurde. Die Erfahrung, die er dort gewonnen hat, wurde von ihm und mir selbst als Ausgangspunkt eines weiteren Experiments im Militärlazarett Northfield benützt. Dieses Experiment wurde unter dem Namen „Northfield Experiment" berühmt oder berüchtigt. Inzwischen ist dieser Name dadurch ehrbar geworden, daß er auf Unternehmungen übertragen worden ist, die den soliden Traditionen der Disziplin und des Patriotismus besser entsprechen, für die die britische Armee mit Recht berühmt ist.

Wenn ich die emotionelle Atmosphäre der Gruppe berücksichtige (was sich ohne erhebliche Kurzsichtigkeit schwer vermeiden läßt), so ist klar, daß der Gruppe nicht daran gelegen ist, zu verstehen, was ich sage, sondern vielmehr daran, nur diejenigen Elemente aus meinem Beitrag zu benützen, die sich zur Einschmelzung in ein anscheinend schon festgefügtes Corpus von Glaubensvorstellungen eignen. Gesten, Tonfall, Gebaren, Miene und gelegentlich sogar das Thema meiner Äußerungen — nichts ist unwillkommen, wenn es sich in dieses System einfügen läßt. Die Gruppe arbeitet mit vereinten Kräften daran, ein deutliches Porträt des Objektes zu erstellen, von dem sie abhängig sein kann.

Die Züge dieses Porträts sind zunächst nicht leicht zu erkennen, aber jedenfalls sind es nicht die Züge eines Arztes. Das gleiche Geschick trifft jedes andere Mitglied, das an meiner Stelle auf den Schild erhoben wird. Ergebnis: die Individuen in der Gruppe stellen ausnahmslos fest, daß sie die Gruppe in einer unberechenbaren Weise beeinflussen, die nur in unklarer Beziehung zu den Gedanken steht, die sie zum Ausdruck zu bringen bemüht sind. Ich selber bin bestrebt, die Unklarheiten der Situation in der Gruppe durch klare und klar formulierte Gedanken aufzuhellen. Auch im günstigsten Falle ist das ein anspruchsvolles Vorhaben, das aus verschiedenen Gründen schwer zu verwirklichen ist; aber mit der Zeit wird deutlich, daß einer dieser Gründe die Feindseligkeit der Gruppe gegenüber dem Ziel als solchem ist. Das Wesen dieser Feindseligkeit läßt sich am besten erfassen, wenn man es als eine Feindseligkeit gegenüber jeglicher wissenschaftlichen Methode betrachtet und daher als eine Feindseligkeit gegenüber jeglicher Tätigkeit, die sich diesem Ideal möglicherweise zu nähern scheint.

Hier mag man einwenden, meine Bemerkungen seien theoretisch, sie seien bloße intellektuelle Konstruktionen, meiner Arbeitsweise fehle es an Wärme, ich sei zu abstrakt. Längere Beobachtung der Gruppe wird zeigen, daß man zwar die Fähigkeit der Individuen in der Gruppe zu ernster Arbeit nicht zu bezweifeln braucht, daß aber die Gruppe als solche entschieden gegen den Gedanken ist, sie habe sich zu Arbeitszwecken zusammengefunden, und geradezu so reagiert, als würde, wenn sie arbeitete, irgendein bedeutender Grundsatz verletzt. Ich will dies nicht noch näher ausführen, aber wenn der Leser sich einige meiner früheren Beschreibungen des Verhaltens in der Gruppe noch einmal ansieht, so wird er dort einige der hier geschilderten Züge wiedererkennen (insbesondere S. 28 und S. 36 f.).

Meine These ist nun, daß alle Facetten des Verhaltens in der abhängigen Gruppe sich als zusammenhängend erkennen lassen, wenn wir annehmen, daß in dieser Gruppe die Quelle von Macht nicht in Wissenschaft, sondern in Magie gesehen wird. Eines der Merkmale, die man beim Anführer der Gruppe erwartet, ist also, daß er entweder ein Magier ist oder sich wie ein solcher benimmt. Schweigen kann in der abhängigen Gruppe also zweierlei bedeuten: Entweder drückt es die Entschlossenheit aus, dem Anführer das Material vorzuenthalten, das er zu wissenschaftlicher Untersuchung braucht, und damit Vorgänge zu unterbinden, die die Illusion der Sicherheit unter der schützenden Hand eines Zauberers untergraben würden. Oder aber das Schweigen bedeutet andächtige Verehrung des Anführers als eines Zauberers: Auf die Deutung folgt ein Schweigen, das oft mehr Bekundung von Ehrfurcht ist als Pause zum Nachdenken.

Hat die Gruppe dieses Entwicklungsstadium erreicht, so mag der Psychiater denken, er habe es mit „Widerständen“ im gewöhnlichen Sinne des Wortes zu tun; doch ich halte es für fruchtbarer, die Gruppe als eine Gemeinschaft zu betrachten, die sich in ihren religiösen Anschauungen angegriffen fühlt. In der Tat sind Hinweise auf Religion in diesem Stadium recht häufig. Manchmal identifiziert der Einzelne sich mit dem Untersuchenden, manchmal mit dem Untersuchten. Identifiziert er sich mit dem Untersuchenden, so ist spürbar, daß er ein etwas künstlich selbstsicheres Gebaren annimmt, als wolle er zum Ausdruck bringen, daß er entweder ein interessantes Relikt aus der Vergangenheit untersuche oder eine der bekannten Weltreligionen wie etwa den Buddhismus oder das Christentum. Mit diesem Gebaren will er der Einsicht ausweichen, daß er an Ort und Stelle eine emotional lebendige „Religion“ untersucht, deren gläubige Anhänger ihn umgeben und nur darauf warten, über ihn herzufallen.

Wenn der Psychiater seine Untersuchung energisch vorantreibt, sollte er sich der Feindseligkeit der Gruppe lebhaft bewußt sein und ein Gefühl für die Lebendigkeit der Phänomene besitzen, mit denen er es zu tun hat. Er muß sich außerdem darüber im klaren sein, daß er nicht nur die Dogmen des Kultes in Betracht zu ziehen hat, sondern alle damit zusammenhängenden Phänomene, z. B. die Anforderungen, die der Kult an das Leben seiner Anhänger stellt. Einige dieser Phänomene lassen sich in der Gruppe selbst beobachten: die Erstickung selbständigen Denkens, die Ketzerjagd, die dadurch hervorgerufene Rebellion, die Versuche, die auferlegten Beschränkungen durch Appelle an die Vernunft oder zumindest durch eine Rationalisierung zu rechtfertigen, und so fort. Andere Manifestationen jedoch werden klar, wenn die Einzelnen aus ihrem Alltagsleben berichten. Denn die „Gläubigen“ der Gruppen-„Religion“, ob sie nun dagegen rebellieren oder nicht, bleiben auch im Alltag „Gläubige“, und es läßt sich zeigen, daß manche ihrer täglichen Konflikte dem

Bemühen entspringen, die Anforderungen des Alltagsdenkens und die Anforderungen ihrer Mitgliedschaft in der Gruppe als einer „religiösen" Gemeinschaft miteinander zu vereinbaren.

Die Folgerungen, die sich aus dieser Sicht der Gruppe ergeben, sind weitreichend, und je deutlicher mir dieser Aspekt der abhängigen Gruppe wird, desto fester wird meine Überzeugung, daß die Patienten laufend Material vorbringen, um zu bekräftigen, daß ihre Zugehörigkeit zur abhängigen Gruppe als „religiöser" Sekte umfangreichen Einfluß auf ihr geistiges Leben ausübt, während die Gruppe zerstreut ist, ebenso wie während der kurzen Zeitspanne, in der sie versammelt ist.

Doch nun zu einem anderen Problem.

Der Haß gegen das Erfahrungslernen

Wenn die Gruppe nur bei ständiger Anstrengung eine differenzierte Struktur aufrechterhalten kann, muß ein Zug in der entgegengesetzten Richtung am Werke sein — zu einer der drei Grundstrukturen hin. Es ist wichtig, die Gruppe unter diesem Gesichtspunkt zu betrachten. Zuvor möchte ich aber kurz auf die Notwendigkeit hinweisen, eine Technik der ständig wechselnden Standpunkte anzuwenden. Der Psychiater muß, wenn möglich, nicht nur die Vorderseite, sondern auch die Rückseite jeder Situation sehen. Er muß so etwas wie einen psychologischen Blickwechsel anwenden, der sich am besten mit Hilfe dieses bekannten Diagramms anschaulich machen läßt.

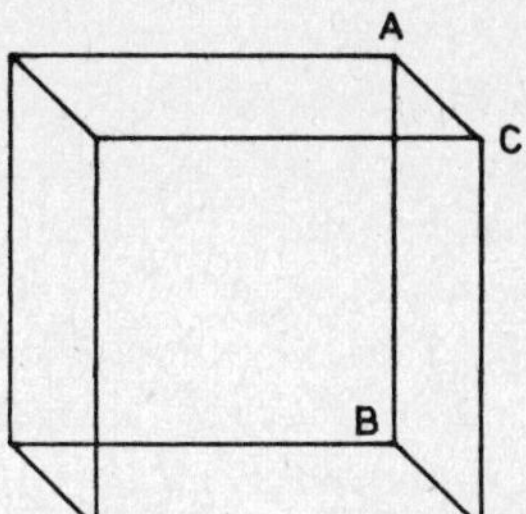

Der Betrachter kann es als einen Kasten sehen, der ihm entweder mit der Kante A—B oder mit der Kante C—D am nächsten ist. Das Gesamtbild der Linien, die er sieht, bleibt dasselbe, und doch erhält er eine ganz andere Ansicht des Kastens.

Ähnlich bleibt in einer Gruppe das Gesamtbild der Vorgänge das gleiche; aber ein Wechsel der Perspektive kann ganz andere Phänomene zum Vorschein bringen. Der Psychiater darf nicht immer auf Veränderungen in der Gruppe warten, ehe er beschreibt, was er sieht. Oftmals muß er darauf hinweisen, daß die Gruppe den Vorgang, den er eben beschrieben hat, schon bei einer früheren Gelegenheit erlebt hat, bei der er aber aus einer anderen Perspektive leichter zu beobachten war, weil er in anderer Form auftrat. Ein Patient hatte z. B. über seine Angst vor dem „Schwachwerden" geklagt. Manchmal hatte er dieselbe Erscheinung als „Ohnmächtigwerden" bezeichnet. Bei einer späteren Sitzung sagt er in etwas großsprecherischem Tone, wenn in der Gruppe etwas vorgehe, das ihm nicht gefalle, dann ignoriere er es einfach. Es war möglich, ihm zu zeigen, daß er — diesmal in zuversichtlicher Stimmung — von genau derselben Situation sprach, die er bei anderer Gelegenheit angstvoll als „Schwachwerden" bezeichnet hatte. Seine Einstellung zu den Vorgängen in der Gruppe hatte sich mit einer Veränderung in der Grundannahme der Gruppe ebenfalls verändert.

Aber weder der Vergleich mit der Vorderseite und der Rückseite noch auch der Vergleich mit dem Wechsel der Perspektive kann die Technik, die ein Psychiater anwenden soll, ganz erfassen. Um klarzumachen, was ich meine, will ich daher die Prinzipien der Dualität in der Mathematik als Analogie heranziehen. Sie besagen, daß ein Satz, der ein räumliches Verhältnis von Punkten, Geraden und Flächen beweist, ebenso das Verhältnis seines Duals (d. h. seiner Umkehrung) aus Flächen, Geraden und Punkten beweist. In der Gruppe sollte der Psychiater von Zeit zu Zeit überlegen, welches der Dual einer emotionalen Situation ist, die er beobachtet hat. Er sollte auch überlegen, ob nicht der Dual der Situation, die er soeben beschrieben hat, schon bei einer früheren Sitzung erlebt und beschrieben worden ist.

Dies wollen wir nun auf die Beobachtung der Gruppe anwenden. Man wird sich an eine Erscheinung erinnern, die ich schon früher erwähnt habe: Nachdem die Teilnehmer, die noch nicht mit der Technik vertraut sind, sich versammelt haben, tritt eine Pause ein, und alles „wartet, daß die Sitzung anfängt". Öfters fragt jemand, wann die Sitzung denn anfange. Darauf ließe sich natürlich einfach antworten, die Sitzung fange um 10 Uhr 30 an oder wann auch immer. Aber ein Wechsel meiner Perspektive — freilich ein recht großer — bedeutet, daß ich Gruppenphänomene betrachte, die überhaupt nicht „anfangen". Die Dinge, um die es mir geht, haben eine Fortsetzung und eine Entwicklung, aber keinen „Anfang". Während meiner Arbeit in der Gruppe wird folglich diese Frage nicht beantwortet. Gewiß, wenn die Gruppe mir die Führung übertragen will, und zwar eine Führung anderer Art, als ich sie auszuüben beabsichtige, so kann sie es ohne weiteres für meine Aufgabe halten, zu wissen, wann die Sitzung anfängt oder aufhört. Es liegt kein Grund vor, nicht die Antwort zu geben, die erwartet wird, solange man sich nur darüber im klaren ist, daß dieser Aspekt von einiger Bedeutung ist und einen erheblichen Rollenwechsel voraussetzt — auch wenn dies im Augenblick noch nicht erkennbar sein mag.

Wenn es mir in einer Gruppe gelungen ist, den Kampf um die Aufrechterhaltung der differenzierten Struktur aufzuzeigen, dann muß es mir auch gelungen sein, seinen „Dual" aufzuzeigen. Es folgt jetzt eine Darstellung des „Duals", obwohl es auf den ersten Blick schwierig sein mag, seine Verwandtschaft mit dem Bemühen um die Aufrechterhaltung einer differenzierten Struktur zu erkennen.

In jeder Gruppe werden sich Patienten irgendwann einmal beklagen, die Behandlung dauere so lange; sie vergäßen immer, was in der vorigen Zusammenkunft geschehen sei; sie hätten nicht den Eindruck, etwas gelernt zu haben; es sei ihnen nicht nur unverständlich, was die Deutungen mit ihrem individuellen Fall zu tun hätten, sondern auch was die emotionellen Erlebnisse, auf die ich aufmerksam zu machen suche, für sie bedeuten könnten. Auch zeigen sie, wie bei der Psychoanalyse, daß sie nicht viel von ihrer Fähigkeit halten, aus der Erfahrung zu lernen. „Aus der Geschichte lernen wir, daß wir aus der Geschichte nichts lernen."

Alles dies und dergleichen mehr ist im letzten Grunde nichts anderes als der Haß gegen einen Entwicklungsprozeß. Selbst die Klage über die Zeit, die an sich recht plausibel scheint, ist nur eine Klage über einen der Wesenszüge des Entwicklungsprozesses. Dahinter steht ein Haß darauf, daß man überhaupt aus der Erfahrung lernen soll, und mangelnder Glaube an den Wert solchen Lernens. Ein wenig Erfahrung mit Gruppen zeigt bald, daß dies nicht einfach eine negative Einstellung ist; tatsächlich wird der Entwicklungsprozeß mit einem anderen Zustand verglichen, von dem nicht sofort erkennbar ist, worin er besteht. Der Glaube an diesen anderen Zustand zeigt sich im Alltag oft, am deutlichsten vielleicht in dem Schuljungenglauben an den Helden, der nie arbeitet und doch immer Klassenerster ist — also das Gegenteil des „Strebers".

In der Gruppe wird sehr deutlich, daß diese ersehnte Alternative zu dem Gruppenverfahren eigentlich darauf hinausläuft, daß man als vollausgestatteter Erwachsener auf die Welt kommt, durch den Instinkt befähigt, ohne Vorbildung oder Entwicklung genau zu wissen, wie man leben und handeln und sich in einer Gruppe verhalten soll.

Es gibt nur einen Gruppentyp und einen Menschentyp, der diesem Traume nahekommt: nämlich die Gruppe, die von einer der drei Grundannahmen, Abhängigkeit, Kampf-Flucht oder Paarbildung beherrscht wird, und der Mensch, der fähig ist, seine Identität in der Herde aufgehen zu lassen.

Ich will damit keineswegs sagen, dieses Ideal entspreche der Wirklichkeit, denn die gesamte gruppentherapeutische Erfahrung zeigt natürlich, daß die Gruppe und die Individuen in ihr unausweichlich auf einen Entwicklungsvorgang festgelegt sind, ganz gleich wie das bei unsern Urahnen gewesen sein mag.

Nach meiner Erfahrung mit Gruppen ist der Mensch unabänderlich auf beide Zustände festgelegt. In jeder Gruppe findet man den Menschen, der sich ganz und gar mit der Grundannahme oder ganz und gar mit der differenzierten Haltung identifizieren möchte. Wenn er sich ganz und gar mit der Grundannahme — sozusagen mit der Herde — identifiziert, so fühlt er sich verfolgt von dem seinem Empfinden nach trockenen Intellektualismus der Gruppe und insbesondere der Deutungen. Wenn er sich, soweit es irgend geht, mit der rein intellektuellen Haltung identifiziert, so sieht er sich von inneren Objekten verfolgt, die nach meiner Vermutung im Grunde eine Art angedeuteten Bewußtseins von den emotionellen Bewegungen der Gruppe sind, der er angehört. Gewiß würde eine derartige Erklärung Licht auf das Gefühl des Einzelnen werfen, daß er von der Gruppe sowohl innerlich wie äußerlich verfolgt werde.

In der Gruppe hat der Patient das Gefühl, er müsse versuchen zu kooperieren. Er entdeckt, daß seine Fähigkeit zur Kooperation in der Grundannahmen-Gruppe emotional höchst lebendig ist und daß sie bei der Verfolgung von Zielen, die mit den Methoden der Grundannahmen-Gruppe nicht leicht erreichbar sind, von einer Art Austausch abhängt. Dieser Austausch ist nur sehr schwer zu erzielen — im Gegensatz zu der raschen emotionalen Reaktion bei Ergebung in die Emotionen der Grundannahme.

In der Gruppe bemerkt das Individuum an sich selbst Fähigkeiten, die es nur potentiell besitzt, solange es relativ isoliert dasteht. Die Gruppe ist also mehr als Ansammlung von Individuen, weil ein Individuum in einer Gruppe mehr ist als ein isoliertes Individuum. Außerdem bemerkt das Individuum in einer Gruppe, daß viele seiner zusätzlichen, durch die Mitgliedschaft in der Gruppe aktivierten Möglichkeiten sich am besten zu Funktionen der Gruppe eignen, die sich zusammengefunden hat, um nach den Grundannahmen zu handeln.

Eines der Probleme der Gruppentherapie liegt also in dem Umstand, daß die Gruppe oft benützt wird, um durch völliges Untertauchen in ihr ein Gefühl der Vitalität oder durch völlige Ablehnung der Gruppe ein Gefühl individueller Unabhängigkeit zu erlangen, und ferner darin, daß die unveräußerliche Erbschaft des Gruppentiers im Individuum einen Teil seines psychischen Lebens ausmacht, das durch die Gruppe fortwährend geweckt und angeregt wird.

Dieser Aspekt der Gruppenzugehörigkeit ist es, der im Individuum das Gefühl aufkommen läßt, er könne nie mit dem Gang der Ereignisse Schritt halten, an den er stets und in jedem Augenblick von vornherein gebunden ist. Es gibt ein Denkmuster, das im Bereich der Grundannahmen-Gruppe liegt, aber nicht im Bereich des Einzelnen. Es gibt auch den Wunsch des Einzelnen, sich als Herr seines Schicksals zu fühlen und sich auf diejenigen Aspekte seines Seelenlebens zu konzentrieren, die er als seine ureigenen empfinden kann. Dieser Wunsch fördert oft seine Bereitschaft, Phänomene zu beobachten, die zu einer Gruppe der Art gehören, von der er vernünftigerweise sagen kann, sie habe einen „Anfang", aber nicht zu einer Gruppe, in der für den Begriff des Anfangs kein Raum ist.

Wäre das Individuum nur von dem Wunsche nach Sicherheit getrieben, so könnte die abhängige Gruppe ihm genügen. Aber das Individuum braucht mehr als Sicherheit für sich selbst, und daher braucht es andere Arten von Gruppen. Wäre es bereit, die Schmerzen der Entwicklung und alles, was das an Lernbemühungen bedeutet, zu ertragen, so könnte es vielleicht aus der abhängigen Gruppe hinauswachsen. Doch es wünscht sich — auch mit den Impulsen, die in der abhängigen Gruppe nicht befriedigt werden — einen Zustand, in dem es, ohne die Wachstumsschmerzen durchzumachen, vollständig für das Gruppenleben gerüstet wäre. Daraus ergibt sich eine Tendenz zu Gruppen mit der Struktur der Paarbildung oder von Kampf und Flucht.

5

Der Gefühlszustand, der zu einer Grundannahme gehört, ist nicht völlig angenehm. Wie mit dem Analytiker bei der Psychoanalyse, so ist es auch mit der Gruppe. Bei meiner Methode versucht der Einzelne, von der Gruppe unterstützt, die guten Seiten der Gruppe von ihren schlechten Seiten getrennt zu halten. Er behauptet entweder, er fühle sich „schlecht" wegen der Gruppe, oder er fühle sich „gut" wegen der Gruppe; aber er wird nicht ohne weiteres zugeben, daß gewisse angenehme Gefühlszustände, das sogenannte „Sich-besser-Fühlen", auf die Gruppe zurückgehen, über die er sich beklagt, und er wird auch nicht zugeben, daß gewisse unangenehme Gefühlserlebnisse, das „Sich-schlechter-Fühlen", nicht von der Zugehörigkeit zu der Gruppe zu trennen sind, an deren gute Seiten zu glauben er im Augenblick vorzieht. Neben den Gründen für solches Verhalten, die man bei der Psychoanalyse häufig feststellt, hat das

Individuum in der Gruppe auch Motive, die unmittelbar auf Eigentümlichkeiten der Gefühlszustände beruhen, die mit den Grundannahmen zusammenhängen. Mit diesen Eigentümlichkeiten will ich mich nun befassen.

Den Ausgangspunkt der Untersuchung liefert der Umstand, daß der Einzelne die Emotionen, die mit jeder der Grundannahmen verbunden sind, in ihrer Gesamtheit zu empfinden scheint. Meine ursprüngliche Darstellung einer Gruppe, die nach einer Grundannahme handelt, ist einigen Aspekten des Gruppenverhaltens nicht gerecht geworden, die jetzt von Bedeutung sind. Man hätte denken können, daß die Gruppe von einer gemeinsamen Annahme ausgehe und daß alles übrige daraus entspringe, darunter auch der Gefühlszustand, der damit verbunden ist. Dies entspricht aber nicht meiner Ansicht. Ich meine im Gegenteil, daß der Gefühlszustand existiert und daß die Grundannahme sich aus ihm ableiten läßt. Für die Gruppe ist die Grundannahme wesentlich eine stillschweigende Annahme. Die Individuen verhalten sich so, als wären sie sich der Annahme bewußt, und das ist der Grund, weshalb die Deutung der Grundannahme einleuchtend wirkt. Sie ist eine Aussage, die dem Verhalten der Gruppe insgesamt Sinn gibt, aber trotzdem wird die Annahme nicht offen ausgesprochen, selbst wenn danach gehandelt wird. Wir haben also eine Situation, in der die Individuen sich verhalten, als wären sie sich als Individuen der Grundannahme bewußt, nicht aber als Mitglieder der Gruppe. Das ist auch ganz in der Ordnung: Die Gruppe hat kein Bewußtsein und kein Ausdrucksvermögen; beides ist dem Einzelnen überlassen.

Man kann zwar sagen, ein Gefühl der Sicherheit gebe es in jedem der Gefühlszustände, die den drei Grundannahmen eigen sind. Aber es ist klar, daß in der abhängigen Gruppe das Gefühl der Sicherheit eigentlich in unauflöslicher Verbindung mit den übrigen Gefühlen und Vorstellungen gehegt wird, aus denen die Grundannahme der abhängigen Gruppe besteht, und es ist daher verschieden von dem Gefühl der Sicherheit in der Kampf-Flucht-Gruppe und der Paarbildungsgruppe, das in beiden Fällen ebenfalls in unauflöslicher Verbindung mit den übrigen Gefühlen und Vorstellungen der betreffenden Gruppe gehegt wird. So ist das Gefühl der Sicherheit, das die abhängige Gruppe bietet, unauflöslich verbunden mit Gefühlen der Unzulänglichkeit und der Frustration und stützt sich darauf, daß einem Mitgliede der Gruppe Allmacht und Allwissenheit zugeschrieben werden. Da der Psychiater sich gewöhnlich nicht dazu bringen läßt, Vorstellungen von seiner Allmacht und Allwissenheit zu bekräftigen, werden Einzelne auch zu erkennen geben, daß ihr Gefühl der Sicherheit durch den Druck der Allwissenheitsforderung der Gruppe an die Einzelnen eingeschränkt wird. Ähnlich wird in der Kampf-Flucht-Gruppe die Sicherheit durch die Forderung der Gruppe nach Mut und Selbstaufopferung abgeschwächt.

Kurz, die Hauptsache ist nicht so sehr ein bestimmtes Gefühl, wie zum Beispiel das der Sicherheit, sondern die Kombination dieses Gefühls mit anderen. Verschiedene Gefühle, die für sich allein nicht unangenehm und dem Einzelnen sogar erwünscht sind, können nur in fester Verbindung mit anderen, weniger erwünschten und oft heftig verabscheuten Gefühlen empfunden werden. Daher muß der Einzelne seine Zuflucht in der Abspaltung suchen, um sich von der Gruppe und von seiner eigenen fundamentalen „Vergrupptheit" zu isolieren — seiner unveräußerlichen Eigenschaft als Herdentier. Man hört oft die Klage, der Einzelne könne in der Gruppe nicht denken. In der Regel versucht er, sich in seiner Zugehörigkeit zur Gruppe sicher zu fühlen, trachtet aber danach, die mißliebigen Gefühle, die mit dieser wünschenswerten Sicherheit in Verbindung stehen, abzuspalten. Er schreibt den Ursprung der mißliebigen Gefühle irgendeinem anderen Grunde zu als der Sicherheit, die er sucht — einem Grunde wie etwa der Zugehörigkeit zu einer weniger wichtigen Gruppe, einem vorübergehenden äußeren Vorgang oder einer Neurose. Daher muß einige Zeit für die Aufhellung der Grundannahme aufgewandt werden, aus der emotioneller Rückhalt geschöpft wird, und dann für den Nachweis, daß die emotionellen Erlebnisse, die Patienten oft als Symptome anführen, eigentlich darauf zurückgehen, daß sie mit andern Mitgliedern der Gruppe im Einklang, mit sich selbst aber ebenso wie mit der Gruppe im Konflikt stehen. Es kommt mir hier darauf an, daß die Teilnahme an einer Grundannahme nicht nur unvermeidbar ist, sondern auch eine Gemeinsamkeit von Gefühlen bedeutet, die, soweit sie sich durch psychologische Untersuchung bloßlegen lassen, voneinander unterschieden und getrennt sind — in Wirklichkeit aber nur scheinbar und auch nur an dem Punkte ihrer Geschichte, an dem sie als psychologische Phänomene sichtbar sind. Daraus ergibt sich, daß dem Psychologen keine Beobachtungen zugänglich sind, die erklären können, warum beim Handeln nach einer der Grundannahmen die ihr zugeordneten Gefühle stets miteinander verbunden sind — und zwar mit derselben Festigkeit und Ausschließlichkeit wie bei chemischen Verbindungen.

Daraus folgt natürlich nicht, daß dies immer so sein muß. Es ist denkbar, daß die Gruppentechniken sich so weit entwickeln, daß Phänomene wahrnehmbar werden, die heute noch nicht erkannt sind. Einstweilen, so möchte ich betonen, folgt aus dem Gesagten, daß das Leiden des Individuums idiopathisch mit der Grundannahme verknüpft ist, nach der gehandelt wird, das heißt, es ergibt sich aus seinem Konflikt mit dem Gefühlszustand der Gruppe und demjenigen Teil seiner selbst, der an der Gruppenaufgabe, diesen Zustand zu erhalten, mitwirkt.

Der Gefühlszustand, der mit jeder der Grundannahmen verbunden ist, schließt die den beiden anderen Grundannahmen zugeordneten Gefühlszustände aus, nicht jedoch die Gefühle, die zu der differenzierten Gruppenstruktur gehören.

Über die differenzierte Gruppe habe ich bis jetzt wenig gesagt, sondern habe mich damit begnügt, die Konflikte in der Gruppe als Konflikte zwischen dem Individuum und der Grundannahme der Gruppe und als Konflikte des Individuums mit sich selbst als Beteiligtem an der Erhaltung der Grundannahme anzusehen. Es gibt jedoch einen Konflikt zwischen der Grundannahmen-Gruppe und der Gruppe, die durch Kooperation der Individuen auf differenzierter Ebene zustande kommt — der differenzierten Gruppe. In dieser Hinsicht unterscheidet sich das Verhältnis zwischen differenzierter Gruppe und Grundannahmen-Gruppe von dem Verhältnis, das zwischen den Gefühlszuständen herrscht, die den drei Grundannahmen zugeordnet sind. Zwischen Grundannahmen gibt es keinen direkten Konflikt, sondern nur Übergänge von dem einen Zustand zum andern, die sich entweder glatt vollziehen oder durch den Eingriff der differenzierten Gruppe herbeigeführt werden. Sie stehen nicht im Konflikt miteinander; sie lösen einander ab. Ein Konflikt ergibt sich nur an der Berührungsstelle zwischen der Grundannahme und der differenzierten Struktur.

Aber obgleich die Grundannahmen eher einander abzulösen scheinen, als miteinander im Konflikt zu stehen, scheint doch der Eingriff der differenzierten Gruppe durch die Überlagerung mit der Ablösung der Grundannahmen einige Anzeichen und Auswirkungen eines Konfliktes hervorzurufen. Insbesondere ruhen die Gefühlskombinationen derjenigen Grundannahmen, die gerade keinen aktiven Einfluß auf das psychische Leben der Gruppe ausüben, und sie ruhen manchmal für längere Zeit. Wenn also in einer Gruppe die Gefühle der abhängigen Gruppe die Vorherrschaft haben, ruhen die Gefühlszustände der Kampf-Flucht-Gruppe und der Paarbildungsgruppe. Sie liegen nicht in dem Sinne zutage, in dem die Gefühle der abhängigen Gruppe zutage liegen. In dieser Hinsicht besteht ein Konflikt zwischen der differenzierten Gruppe, die von Gefühlen aus einer der Grundannahmen durchströmt wird, und den beiden andern Grundannahmen.

In diesem Zusammenhang muß man sich vor Augen halten, daß meine Deutungen, wenn sie akzeptiert werden, selbst Deutungen vom Standpunkt der differenzierten Gruppe aus sind. Dies löst sofort gewisse Spekulationen aus. Was ist der Unterschied zwischen der Form des Eingriffes, den eine Deutung darstellt, und anderen Eingriffen der differenzierten

Gruppe? Wenn Eingriffe seitens der differenzierten Gruppe einige der Auswirkungen oder Anzeichen eines Konfliktes zwischen einer Grundannahme und den andern hervorzurufen scheinen, ruft dann auch eine Deutung einen Konflikt hervor? Wenn die Deutung keinen Konflikt hervorruft, was bewirkt sie dann?

Ich möchte diese Fragen einstweilen beiseite lassen und dazu übergehen, das Schicksal der schlummernden Gefühlszustände, die sich in den im jeweiligen Augenblick nicht wirksamen Grundannahmen verkörpern, und ihr Verhältnis zur differenzierten Gruppe zu betrachten.

Die Eingriffe der differenzierten Gruppe sind verschiedener Art, aber etwas ist ihnen allen gemein: Sie bringen die Anerkennung der Notwendigkeit zum Ausdruck, sich zu entwickeln und sich nicht auf die Wirksamkeit der Magie zu verlassen; sie sind dazu gedacht, mit den Grundannahmen fertigzuwerden, sie mobilisieren die Gefühle der einen Grundannahme in der Absicht, mit den Gefühlen und Phänomenen einer andern Grundannahme fertigzuwerden. Dies ist es, was den schon erwähnten Anschein eines Konfliktes zwischen den Grundannahmen erzeugt. Ein Ergebnis dieser Wirksamkeit der differenzierten Gruppe ist dies: Je differenzierter eine Gruppe wird, und je mehr es ihr gelingt, eine differenzierte Verhaltensebene zu bewahren, desto mehr drängt sie dabei eine Gefühlskombination mit Hilfe einer anderen zurück. Auf diese Weise kann die der abhängigen Gruppe zugeordnete Gefühlskombination dazu benutzt werden, das Vordringen von Gefühlskombinationen der Kampf-Flucht-Gruppe und der Paarbildungsgruppe zu erschweren oder unmöglich zu machen.

Die Arbeitsgruppe

In manchen Gruppen, die ich geleitet habe, wurde das, was ich bisher als „differenzierte Gruppe" bezeichnet habe, spontan als „Arbeitsgruppe" bezeichnet. Der Name ist kurz und drückt gut einen wichtigen Aspekt der Phänomene aus, die ich darstellen möchte, und von jetzt an will ich ihn daher an Stelle der „differenzierten Gruppe" verwenden. Wenn eine Gruppe zusammentritt, tritt sie um einer bestimmten Aufgabe willen zusammen, und bei den meisten menschlichen Handlungen muß Kooperation mit differenzierten Mitteln erzielt werden. Wie schon erwähnt, werden Verfahrensregeln aufgestellt; gewöhnlich ist ein eingespielter Verwaltungsapparat vorhanden, betrieben von Beamten, die den übrigen in der Gruppe als solche erkennbar sind, und so weiter. Die Fähigkeit zur Kooperation auf dieser Ebene ist groß, wie jeder aus seiner Erfahrung mit Gruppen weiß. Doch sie ist von anderer Art als die Fähigkeit zur Kooperation, die auf der Ebene der Grundannahmen zu beobachten ist. Nach meiner Erfahrung ist die psychologische Struktur der Arbeitsgruppe sehr kraftvoll, und bemerkenswert ist, daß sie sich mit einer Vitalität hält, aus der man schließen kann, daß Befürchtungen, die Arbeitsgruppe würde von den Gefühlszuständen der Grundannahmen erdrückt werden, von einer ganz falschen Einschätzung der Proportionen ausgehen.

Ich habe schon gesagt, daß die Gruppe von Anfang an hart darum kämpft, eine differenzierte Struktur aufrechtzuerhalten, und daß die dafür aufgewandte Anstrengung die Stärke der Gefühle, die mit den Grundannahmen verbunden sind, erkennen läßt. Dieser Ansicht bin ich nach wie vor, glaube aber auch, daß sich in Befürchtungen für die Struktur der Arbeitsgruppe eine Unkenntnis der Kräfte ausdrückt, mit denen die Arbeitsgruppe zu ringen hat.

Es empfiehlt sich, die therapeutische Gruppe ständig auf die Furcht vor der Grundannahme hinzuweisen und ihr zu zeigen, daß der Gegenstand der Furcht in hohem Maße von dem Bewußtseinszustand abhängt, der in der Gruppe die Oberhand hat. Wenn also die Abhängigkeit am stärksten hervortritt — und zwar so stark, daß die Gruppe als abhängige Gruppe identifiziert zu sein scheint —, dann handelt es sich um Furcht vor der Arbeitsgruppe.

Ebenso wie die Gefühle in der Grundannahme scheinen auch die psychischen Phänomene der Arbeitsgruppe miteinander verknüpft zu sein. Bestimmte Vorstellungen spielen in der Arbeitsgruppe eine hervorragende Rolle. Dazu gehört unabdingbar nicht nur die Vorstellung von einer „Entwicklung“ anstelle der von der fertigen Instinktausstattung des Menschen, sondern auch der Glaube an den Wert rationaler oder wissenschaftlicher Behandlung eines Problems. Desgleichen wird als notwendige Begleiterscheinung der Vorstellung von der „Entwicklung“ auch das Lernen aus der Erfahrung als gültig akzeptiert. Wenn die Gruppe jedoch mit der Grundannahme der Abhängigkeit identifiziert ist, dann werden alle diese Vorstellungen gefürchtet, natürlich nicht einfach als Vorstellungen, sondern als innerhalb der Gruppe wirksame Kräfte. Die abhängige Gruppe zeigt bald, daß ein Glaube an die Allwissenheit und Allmacht eines bestimmten Mitglieds ein fester Bestandteil ihrer Struktur ist.

Jede Untersuchung dieses Glaubens ruft Reaktionen hervor, die — um es vorsichtig auszudrücken — an die Auseinandersetzungen zwischen Religion und Wissenschaft erinnern. Die Untersuchung ist an dieser Stelle geradezu, wie schon früher gesagt, eine wissenschaftliche Untersuchung der Religion der Gruppe. Betätigungen der Arbeitsgruppe, die eine Untersuchung der Gruppengottheit — gewöhnlich des Psychiaters — einzuschließen scheinen, lösen allerlei verschiedene Reaktionen aus; aber wenn man die Reaktion in ihrer Gesamtheit betrachtet, so könnte man meinen, Gibbons Darstellung der Homousie-Kontroverse sei eigentlich ein Bericht über eine therapeutische Gruppensitzung, in der die Grundannahme der Abhängigkeit am Werke ist. Vielleicht ist sie das auch. Für jeden Psychiater, der sich für meine Methoden und ihre Erprobung in einer Gruppe interessiert, mag es sich lohnen, daran zu denken, daß wenige historische Vorgänge die Gefühle einer Gruppe stärker erregt haben als eine Auseinandersetzung um das Wesen der Gottheit, deren Kult gerade in Blüte stand. Wobei ich das Wort „Blüte" sowohl negativ wie positiv meine — also in Zeiten, in denen die Gruppe atheistisch war, wie auch in Zeiten, in denen sie theistisch war.

Es ist wichtig, daß der Psychiater sehr energisch auf die Realität der Anforderungen der Gruppe an ihn hinweist, ganz gleich wie phantastisch ihre Aufhellung diese Anforderungen erscheinen läßt, und ebenso auf die Realität der Feindseligkeit, die durch seine Erklärung hervorgerufen wird. Bei solchen Gelegenheiten kann man sowohl die Stärke der Gefühle sehen, die mit der Grundannahme verbunden sind, wie auch die Energie und Vitalität, die von der Arbeitsgruppe mobilisiert werden können. Fast ist es, als wären sich die Menschen der schmerzhaften und oft verhängnisvollen Konsequenzen bewußt, die eintreten, wenn sie ohne ausreichendes Verständnis der Realität handeln müssen, und als wären sie sich daher der Notwendigkeit der Wahrheit als eines Kriteriums bei der Auswertung ihrer Feststellungen bewußt.

Wir müssen nun einige Aspekte der Rolle betrachten, die die Arbeitsgruppe in Verbindung mit einer der Grundannahmen bei der Verdrängung der offenen Wirksamkeit der beiden andern Grundannahmen spielt. Was geschieht mit den beiden Grundannahmen, wenn sie gerade nicht aktiv sind? Ich möchte diese Frage zusammen mit einer andern behandeln, die ich weiter oben unbeantwortet gelassen habe: der Frage nach dem Wesen und Ursprung der Kombination von Gefühlen, die jeder der Grundannahmen zugeordnet sind. Ich habe dort gesagt, dem Psychiater lägen gegenwärtig keine Beobachtungen vor, die erklären könnten, warum Gefühle, die zu einer Grundannahme gehören, in einer bestimmten Kombination mit solcher Festigkeit und Ausschließlichkeit gehegt werden können.

Um diese Kopplung und zugleich das Schicksal der nicht aktiven Grundannahmen zu erklären, möchte ich die Existenz von „protomentalen" Phänomenen postulieren. Ich kann meine Anschauung nicht richtig darstellen, ohne einen Begriff einzuführen, der über die Erfahrung hinausreicht. Klinisch gehe ich psychologisch vor und beachte daher Phänomene nur, wenn sie als psychologische Manifestationen auftreten. Ich finde jedoch die Annahme nützlich, daß der Gefühlszustand schon vor der Grundannahme liegt und auf gewisse protomentale Phänomene folgt, die in ihm Ausdruck finden. Selbst diese Formulierung ist angreifbar, weil sie eine strengere Reihenfolge von Ursache und Wirkung aufstellt, als ich tatsächlich für richtig halte, denn klinisch empfiehlt es sich, diese Vorgänge als Glieder einer kreisförmigen Serie zu betrachten. Manchmal ist es nützlich, sich die Grundannahme als durch bewußt ausgedrückte Gedanken aktiviert vorzustellen, in anderen Fällen durch heftig aufgewühlte Gefühle, das Ergebnis protomentaler Tätigkeit. Es schadet nichts, die Serie an einer beliebig gewählten Stelle anfangen zu lassen, wenn das zur Erhellung des Vorganges beiträgt. Fangen wir also auf der Ebene der protomentalen Vorgänge an, so können wir sagen, die Gruppe entwickle sich, bis ihre Gefühle psychologisch beschreibbar werden. Dies ist der Punkt, an dem ich sage, die Gruppe verhalte sich, „als ob" sie nach einer Grundannahme handle.

Im protomentalen System existieren Prototypen der drei Grundannahmen. Jede von ihnen existiert als Funktion der Gruppenmitgliedschaft des Individuums. Jede existiert als ein Ganzes, bei dem kein Teil vom Rest getrennt werden kann. Eine Differenzierung der Komponenten einer jeden Grundannahme scheint nur auf einer anderen Ebene möglich zu sein, einer Ebene nämlich, auf der die Vorgänge als psychologische Phänomene auftreten, und auf dieser Ebene können wir von Furchtgefühlen, Sicherheitsgefühlen, Depressionsgefühlen, sexuellen Gefühlen oder anderen sprechen.

Das protomentale System stelle ich mir so vor, daß darin Somatisches und Psychologisches oder Mentales undifferenziert sind. Es ist eine Matrix, aus der die Phänomene hervorgehen, die zunächst — auf psychologischer Ebene und im Lichte psychologischer Untersuchung — getrennte, nur lose miteinander verbundene Gefühle zu sein scheinen. Von dieser Matrix gehen Gefühle aus, die zu der Grundannahme gehören, und verstärken, durchdringen und beherrschen in manchen Fällen das mentale Leben der Gruppe. Da auf dieser Ebene das Somatische und das Mentale undifferenzierter sind, leuchtet es ein, daß Störungen aus dieser Quelle sich ebensogut in somatischen wie in psychischen Formen manifestieren können. Die nicht aktiven Grundannahmen sind auf das protomentale System beschränkt; das heißt, wenn die differenzierte Gruppe von den Gefühlen durchwirkt ist, die der Grundannahme der Abhängigkeit entsprechen, dann sind die Grundannahmen von Kampf-Flucht und Paarbildung auf die Begrenzungen der protomentalen Phase beschränkt. Sie sind die Opfer einer Verschwörung zwischen der differenzierten

Gruppe und der herrschenden Grundannahme. Nur das protomentale Stadium der abhängigen Gruppe hat die Möglichkeit gehabt, sich zu dem differenzierten Zustand zu entwickeln, in dem der Psychiater sein Wirken als Grundannahme wahrnehmen kann.

Auf dieser protomentalen Ebene findet sich die Matrix der Gruppenerkrankungen. Diese Erkrankungen machen sich beim Individuum bemerkbar, ihre Merkmale aber lassen klar erkennen, daß eher die Gruppe erkrankt ist als das Individuum. Ganz ähnlich — nur im umgekehrten Sinne — scheint in der Kampf-Flucht-Gruppe eher die Gruppe geschützt als das Individuum. Kurz, alles läuft darauf hinaus, daß in jeder gegebenen Gruppe die Matrix für die vorhandenen Erkrankungen an zwei Stellen gesucht werden muß: einmal in dem Verhältnis des einzelnen zur Grundannahmen-Gruppe und zu sich selbst als an der Erhaltung dieser Gruppe Beteiligten; zum andern in den protomentalen Stadien der beiden andern Grundannahmen.

Um noch deutlicher zu machen, was ich sagen will, möchte ich einen Vergleich aus der somatischen Medizin heranziehen — aber, wohlgemerkt, nur als Vergleich. Stellen wir uns folgenden Fall vor: Bei der Untersuchung eines Patienten, der unter Angstsymptomen leidet, zeigt sich neben verschiedenen psychischen Schwierigkeiten auch ein leichtes Zittern der Hände. Nehmen wir an, daß bei weiterer Untersuchung Anzeichen von Thyreotoxikose festgestellt werden, die schwerwiegend genug sind, um bei der Entscheidung über die Behandlung eine somatische Methode wählen zu lassen. In landläufiger Sprache würde man sagen, die Erkrankung sei somatischen Ursprungs. Ich möchte lieber sagen, die Matrix der Erkrankung liege in der Sphäre protomentaler Vorgänge. Findet die Untersuchung so zeitig statt, daß nach den Durchschnittsmaßstäben von heute keine Krankeitsanzeichen vorliegen, die entweder mit den Methoden der somatischen Medizin oder mit denen der Psychiatrie erkennbar sind, dann bietet der Patient voraussichtlich ein ausgezeichnetes Beispiel für das, was ich unter dem Stadium der protomentalen Vorgänge verstehe, in dem das Somatische und das Psychologische noch undifferenziert sind und aus dem unter gewissen Umständen Gruppenerkrankungen mit somatischen und psychologischen Komponenten hervorgehen.

Mein Vergleich kann jedoch meine Ansicht insofern nicht ganz richtig wiedergeben, als er die Sphäre der protomentalen Vorgänge als auf das Individuum beschränkt erscheinen läßt. Meiner Meinung nach kann aber diese Sphäre nicht verstanden werden, wenn man nur das Individuum allein betrachtet; den sinnvollen Bereich für die Untersuchung ihrer Dynamik bilden die Individuen in der Gruppe. Das protomentale Stadium beim Individuum ist nur ein Teil des protomentalen Systems, denn protomentale Phänomene sind eine Funktion der Gruppe und müssen daher in der Gruppe betrachtet werden.

Den Begriff des protomentalen Systems habe ich eingeführt, um eine Erklärung für die Festigkeit zu finden, mit der sämtliche Gefühle einer Grundannahme zusammengeschweißt zu sein scheinen, und um gleichzeitig Rechenschaft über den Verbleib der nicht aktiven Grundannahmen zu geben — denn die Gruppe hat offensichtlich das Gefühl, sie könnten aktiv werden, und also muß man annehmen, daß sie „irgendwo" seien. Aber ich habe es bei derartigen Postulaten oft nützlich gefunden, auszuprobieren, was geschieht, wenn ich die neue Theorie für Zwecke verwende, für die sie an sich nicht gedacht war. In diesem Zusammenhang scheint mir Spekulation eine ebenso gute Versuchsmethode wie jede andere, und ich hoffe, daß sie mich einer Entscheidung darüber näherbringt, ob ich den Gedanken eines protomentalen Systems nur als eine Theorie zur Zusammenfassung meiner Beobachtungen betrachten soll, als eine Hypothese zur Anregung weiterer Untersuchungen oder als eine klinisch feststellbare Tatsache.

Bei meiner ersten Überlegung muß es um die Frage gehen, was einen sinnvollen Untersuchungsbereich darstelle. Die kleine therapeutische Gruppe allein kann es nicht sein, solange meine Technik nicht weiter entwickelt ist als heute, und selbst wenn ich sie weiter entwickelte oder meine Beobachtungsfähigkeit verbesserte, so bliebe es immer noch zweifelhaft, ob es nicht klüger wäre, eine Lösung in einem andern Bereich zu suchen. Vor Freud waren die Ansätze zur Erforschung der Neurose größtenteils steril, weil man sich die Erklärung aus der Untersuchung des Individuums versprach; als aber Freud eine Lösung in dem Verhältnis zwischen zwei Menschen — im Studium der Übertragung — zu suchen begann, fand er den sinnvollen Untersuchungsbereich für zumindest einige der Probleme, die der Neurosepatient aufgibt. Probleme, die sich bis dahin allen Lösungsversuchen widersetzt hatten, wurden sinnvoll. Die Untersuchung, die damit begann, hat sich seitdem ständig vertieft und ausgeweitet. Die kleine therapeutische Gruppe ist ein Versuch, festzustellen, ob sich durch einen Wechsel des Untersuchungsbereichs weitere Resultate erzielen lassen. Später wird zu prüfen sein, in welcher Weise die Gruppe selbst sich Veränderungen des Untersuchungsbereiches zunutze macht; aber im Augenblick möchte ich die Möglichkeiten betrachten, den Untersuchungsbereich noch einmal zu verändern, um zu sehen, ob auf diesem Wege neue Einsichten über die kleine therapeutische Gruppe zu gewinnen sind. Die kleine therapeutische Gruppe bringt Material über physische Erkrankungen für meine Zwecke nicht schnell genug und auch nicht in ausreichender Menge zutage. Ich möchte mich daher mit meinen Spekulationen lieber auf die Verhältnisse in einer Gruppe stützen, die so groß ist, daß sie statistisches Material über Erkrankungen liefern kann (Siehe Toynbee, 1935, S. 12, 17). Ich hätte gern Material über Erkrankungen wie Tuberkulose, Geschlechtskrankheiten, Zuckerkrankheit und andere, besonders im Hinblick auf Aspekte von Fluktuationen in der Anzahl der Fälle, der Virulenz und Verteilung, wie sie sich mit den Mitteln der Anatomie, der Physiologie und anderer Disziplinen, die zum normalen Handwerkszeug sozialmedizinischer Untersuchungen gehören, nicht ohne weiteres erklären ließen. Außerdem brauchte man Statistiken, die für einen bestimmten Augenblick Gültigkeit besitzen.

Im folgenden möchte ich mit dem Buchstaben G die Grundannahme und den dazugehörigen Gefühlszustand bezeichnen. Die Grundannahme der Abhängigkeit drücken die Buchstaben GA aus, die der Paarbildung GP, die von Kampf-Flucht GK. Für das protomentale System möchte ich die Buchstaben PM benützen. Dann würde PM-AP einen Zustand bezeichnen, in dem die Grundannahmen der Abhängigkeit und der Paarbildung nicht mehr als psychiatrische Phänomene erkennbar, sondern auf eine — noch unerklärte — latente Phase des protomentalen Systems beschränkt sind, worin das Physische und das Psychische undifferenziert sind. Entsprechend ist es bei PM-PK oder PM-AK.

a) Angenommen, eine Erkrankung X entspringt dem protomentalen Stadium der Abhängigkeit und der Paarbildung, wenn sie im Verhalten der Gruppe durch die manifest werdende Grundannahme Kampf-Flucht verdrängt werden. Nach meiner Theorie wird die Erkrankung X mit den A- und den P-Gruppen zusammenhängen und daher, wenn sie an die Oberfläche tritt, psychologische Zusammenhänge mit den Affekten von GA und GP aufweisen. Außerdem hat sie eine Matrix, in diesem Falle PM-A und PM-P. Ihre psychologische Ursache liegt in GK. Das heißt nicht, daß ich allen Erkrankungen eine psychologische Ursache zuschriebe, die anderen Ursachen an Bedeutung gleichkäme; doch ich bin dafür, der Vollständigkeit halber eine Erkrankung so zu klassifizieren, daß wir nicht nur die in der Medizin normalerweise angegebenen Tatsachen kennen, sondern auch: 1. ihre Matrix, also in dem angeführten Beispiel PM-A und PM-P, und 2. ihre psychologischen Zusammenhänge, in diesem Falle GA und GP, und 3. ihre psychologische Ursache, hier GK.

Ähnlich müssen wir die Verknüpfung der physischen Erkrankung mit anderen physischen Erkrankungen — abgesehen von den schon aus der Anatomie und Physiologie bekannten — kennen. Wir müssen nach diesen Verknüpfungen suchen, indem wir überlegen, welche anderen physischen Erkrankungen sich in dem angeführten Beispiel folgendermaßen klassifizieren lassen:

Matrix	PM-A und PM-P
Verknüpfung	GA und GP
Ursache	GK

Auf diese Weise müßten wir auf Verknüpfungen einer physischen Erkrankung mit einer andern kommen, die weder Funktionen der Anatomie, der Physiologie oder Bakteriologie noch auch der Psychopathologie sind, sondern der Gruppenmitgliedschaft des Individuums.

b) Meine These hängt von dem Argument ab, daß es ein Stadium gibt, in dem das Physische und das Psychische undifferenziert sind. Wenn eine Krankheit sich physisch — etwa als Tuberkulose — manifestiert, wäre folglich ein psychologisches Äquivalent oder Gegenstück vorhanden. Sein Wesen bleibt noch genauer zu bestimmen, aber wir nehmen hier einmal an, es sei GA. Dieses Gegenstück kann weder Ursache noch Wirkung sein, denn wenn es das eine oder das andere wäre, müßte es auf eine ganz andere Serie protomentaler Vorgänge zurückgehen — oder aber auf die aktive Grundannahme. Die psychischen Vorgänge, mit denen die Tuberkulose verknüpft ist, sind nach meiner Definition zwangsläufig weder Ursache noch Wirkung; sie sind Ableitungen und Fortentwicklungen derselben protomentalen Phänomene, denen auch die Tuberkulose selbst entspringt. Es ist bekannt, daß die Tuberkulose auf Entwicklungen in der Psychologie einer Gruppe sehr empfindlich reagiert; die Zahl der Fälle scheint in einer Art von harmonischer Übereinstimmung zu den Veränderungen in der Mentalität der Gruppe zu fluktuieren. Die Erkrankung erfordert längere Pflege, und die Diät zeigt Anklänge an die frühesten Speiseerlebnisse des Menschen. Die Krankheit müßte mit vielen Merkmalen der GA verbunden sein, und tatsächlich reagieren die Einzelnen auf ihre Störungen und die Beschränkungen, die sie ihnen auferlegen, in ganz ähnlicher Weise, wie Individuen mit ähnlicher Persönlichkeit auf die GA reagieren. Diese Tatsachen haben oft, bevor ein Lungenschaden nachgewiesen war, zu der Ansicht geführt, der Patient simuliere (Wittkower, 1949) oder, um meine Terminologie zu gebrauchen, die GA sei die teleologische Ursache für die Störungen des Patienten. Aber aus den angegebenen Gründen kann ich die GA in keinem Falle als eine Ursache betrachten; sie ist der psychische Zustand, mit dem die Tuberkulose verknüpft ist, und ist daher weder Ursache noch Wirkung. Wir suchen also die Ursache der Beschwerden — und damit meine ich natürlich die Ursache im Sinne eines Elementes in der hier entwickelten Konzeption, nicht die Ursachen, die der Medizin bekannt und geläufig sind. Um sie zu finden, müßte man die Fluktuationen im Auftreten der Erkrankung mit der Grundannahme in Beziehung setzen, die in der Gruppe zu verschiedenen Zeiten vorgeherrscht hat, zu denen die Zahlenwerte für die Erkrankung festgestellt worden sind. Nehmen wir an, die höchsten Zahlen entsprächen stets der GK. Dann würde die Klassifikation für die Tuberkulose außer den bereits festgestellten Merkmalen Folgendes ergeben:

Ursache	GK
Verknüpfung	GA
Matrix	PM-AP

Jeder Versuch einer solchen Klassifizierung würde selbstverständlich im besten Falle auf einer Meinung, im schlimmsten auf wilder Mutmaßung beruhen. Aber ich glaube, der Versuch muß unternommen werden. Damit er wissenschaftlich brauchbar ist, muß er auf das noch nicht ausgereifte Stadium der Untersuchung abgestimmt werden, und dies gilt besonders für die Einschätzung der Grundannahme im jeweiligen Augenblick.

Bis jetzt habe ich davon gesprochen, daß der Begriff eines protomentalen Systems, zusammen mit den Theorien von den Grundannahmen, eine neue Einsicht in die physische Krankheit verschaffen könnte, besonders in die Krankheiten, die man als psychosomatisch bezeichnet hat oder die man der psycho-sozialen Medizin und der sozialen Dynamik zugerechnet hat (siehe Halliday, 1948, S. 142 ff.). Wenn wir aber den Untersuchungsbereich der physischen Krankheiten erweitern und die Untersuchung der Grundannahmen, des protomentalen Systems usw. einbeziehen können, um zu einem tieferen Verständnis physischer Störungen zu gelangen, so können wir in dem gleichen erweiterten Bereich ebensogut auch umgekehrt vorgehen. Denn wenn das System in bezug auf psychologische Störungen als protomental angenommen wird, so ist es, vom Standpunkt der physischen Krankheit aus gesehen, gleichzeitig auch protophysisch. Dennoch ist möglicherweise eine Technik zur Untersuchung des protomentalen Systems als Matrix physischer Störungen leichter durch eine physiologisch vorgehende Untersuchung zu finden. Wenn wir mit physiologischen Methoden den physischen Aspekt des protomentalen Systems untersuchen können, so finden wir vielleicht eine Methode, um zu erkunden, was das protomentale System einer Gruppe zu einem bestimmten Zeitpunkt enthält, und können von da aus den weiteren Schritt unternehmen, eine Technik zur Beobachtung des protomentalen Gegenstücks psychischer Vorgänge herauszubilden. Auf Grund von Fortschritten dieser Art ließe sich dann abschätzen, wie sich der psychologische Zustand der Gruppe vermutlich entwickeln wird, denn wir könnten ihn schon untersuchen, lange bevor er sich als Grundannahme — als Basis des Verhaltens — manifestiert. Für mich ist das wichtig, denn eines der Merkmale, durch die sich die therapeutische Gruppe von andern Gruppen unterscheidet, ist ihre Tendenz, sich auf der Basis von Grundannahmen zu verhalten.

In England können Patienten dank der staatlichen Gesundheitsversorgung das Gefühl haben, mit allen Problemen, die sich aus dem finanziellen Moment in ihrem Verhältnis zueinander und zum Arzt ergeben, wirksam fertiggeworden zu sein. Trotzdem werden manchmal finanzielle Probleme erwähnt, meistens als wären es Angelegenheiten, die dem Einzelnen häuslich zu schaffen machen, die aber dennoch für die Deutung in Frage kommen — nämlich als Material, in dem sich indirekt irgendein Aspekt des psychischen Lebens der Gruppe und des Individuums in ihr ausdrückt. Anhand des Geldes möchte ich daher meine Überlegungen über das protomentale System fortsetzen, indem ich prüfe, ob ich diesen Begriff — parallel zu der Art und Weise, auf die ich ihn bereits eingesetzt habe — auf dem Gebiete der physischen Krankheit verwenden kann.

„Als Tauschmittel", so heißt es, „kommt so gut wie alles in Frage, vorausgesetzt, daß es allgemein akzeptabel ist" (Clay, 1916, S. 164). Geld ist nicht nur Tauschmittel, sondern auch Wertnorm. Neuere Untersuchungen über primitive Formen des Geldes haben gezeigt, daß es nicht aus dem Tausch heraus entstanden ist, nicht einmal als ein Element des Handels. Vielmehr hat der Handel auf der Suche nach einem allgemein akzeptablen Mittel mit feststehendem Wert sich Währungen nutzbar gemacht, die ursprünglich eine Erfindung zur Erleichterung der Übergabe des „Wergeldes" und des Brautpreises waren. „Es ginge zu weit, wenn man behauptete, der ‚Brautpreis' und das ‚Wergeld' hätten zur Entstehung der Währung geführt, aber sicher haben sie Wertnormen aufgestellt und gewisse Tauschmittel festgelegt ..." (Hingston Quiggin, 1949, S. 7 f.). Paul Einzig sagt zu dieser Frage, möglicherweise seien Gegenstände als Währung gewählt worden, weil sie als Gebrauchs- oder Schmuckartikel allgemein begehrt waren; doch er fügt hinzu, die Tatsache, daß sie in so hohem Maße akzeptabel waren, sei vielleicht auf nichtkommerzielle Gesichtspunkte zurückzuführen — etwa darauf, daß ein Gegenstand sich für religiöse Opfer, für politische Zahlungen (Strafen, Tribute, Blutgeld) oder als Brautpreis verwenden ließ (Einzig, S. 353 ff.).

Sowohl im Wergeld wie im Brautpreis kann man Entschädigungen sehen, die einer Gruppe für den Verlust eines ihrer Mitglieder gezahlt werden, und so betrachtet spiegeln sie den Vorrang der Gruppe vor den Einzelnen wie in der GK wider. Ebenso läßt sich das Wergeld als ein Ausdruck des Wertes betrachten, den die Gemeinschaft dem Einzelnen beimißt, so daß man es in manchen Fällen als einen Aspekt der GK und in anderen als Ausdruck der GA deuten kann; ähnlich läßt sich der Brautpreis als Ausdruck der GP betrachten.

Es geht mir jedoch im Augenblick nicht darum, jede der beiden Institutionen einer bestimmten Grundannahme zuzuordnen — das wäre die Aufgabe klinischer Beobachtung. Ich möchte vielmehr auf eine andere Möglichkeit hinweisen: Bei der Erörterung der physischen Krankheiten gibt es möglicherweise Gründe, meine Theorien als ein Mittel heranzuziehen, um die Kenntnisse der Krankheit, die bereits mit den Methoden der somatischen Medizin zu erlangen ist, zu erweitern. Ebenso gibt es möglicherweise auch Gründe, meine Theorien anzuwenden, um die Kenntnisse der Krankheit der Tauschmechanismen, die schon mit den Methoden der Wirtschaftswissenschaften zu erlangen sind, zu erweitern. Denn wenn der Wert des Geldes seine Quelle nicht nur in dem Eigenwert — und anderen von Einzig erörterten Quellen — der als Geld benützten Gegenstände hat, sondern auch in den Grundannahmen, dann müßten wir erwarten, daß der psychologische Wert in der GK vielleicht ein anderer ist als sein Wert in der GP oder der GA usw. Außerdem könnten wir erwarten, daß der Wert jeder Währung schwankt, infolge von Schwankungen an der Quelle, aus der das Geld seinen psychologischen Wert bezieht, nämlich den Grundannahmen. Wenn wir das Wesen des Geldwertes in der GK, der GA und der GP klinisch bestimmen könnten, wären wir vielleicht in der Lage, die Quelle einer der Ursachen von Geldwertschwankungen, wie sie im Handel vorkommen, aufzuspüren.

Einer der Vorteile beim Studium des Geldes in der Großgruppe ist nun der, daß es vielleicht ein statistisches Vorgehen gestattet. Es ist zwar zweifelhaft, ob nicht die vorhandenen Statistiken ebenso als zuwenig sensibel kritisiert werden können wie Krankheitsstatistiken. Doch ein Anfang muß gemacht werden, und zwar von jemandem, der statistisch ausgebildet und qualifiziert ist. Aber die wahre Bedeutung einer Korrelation zwischen Schwankungen des Geldwertes und Veränderungen in der Grundannahme würde sich zeigen, wenn sich herausstellte, daß eine Korrelation zwischen den Strukturen in der Krankheitsstatistik und der Statistik der Geldwert-Schwankungen in der Gruppe besteht. Selbstverständlich kann ein Versuch, Wertschwankungen auf Grund von Veränderungen an der psychologischen Quelle des Geldwertes — im Wergeld und im Brautpreis — von andern Quellen zu isolieren, von denen das Geld seinen Wert herleitet, sich als sehr kühn erweisen — es sei denn, meine Vermutung träfe zu, daß der Wert von Währungen in weit größerem Maße, als man sich bisher vorgestellt hat, auf psychologischen Grundlagen beruht, insbesondere auf der dominanten Grundannahme und dem Protomentalsystem. Wenn die Existenz solcher Korrelationen sich nachweisen ließe, so spräche einiges dafür, die Grundannahmen als klinische Entitäten anzusehen, und dies wiederum könnte zu einer gewissen Klärung der Vorstellungen über die Beschaffenheit des protomentalen Systems führen.

Bei der Erörterung der Gefühlsverknüpfung in einer Grundannahme habe ich den Gedanken ausgesprochen, daß es nötig sei, ein Gefühl — etwa Angst — je nach der Grundannahme, innerhalb derer es auftritt, als verschieden zu betrachten. Ähnlich müssen wir annehmen, daß der Wert des Geldes beispielsweise in der GA verschieden ist von dem Werte des Geldes in der GK; und damit meine ich einen sowohl qualitativen als auch quantitativen Unterschied. Was ich damit sagen will, kann man sehen, wenn wir die Einstellung zum Gelde und dem ihm beigemessenen Wert in einer Religionsgruppe, in der die Arbeitsgruppenmentalität stark genug ist, um die GA zu voller Aktivität aufzurufen, mit dem Werte vergleichen, der dem Gelde in einem kriegführenden Volke beigemessen wird, in dem die GK volle Aktivität entfaltet hat. Im letzteren Falle ist der Wert des Geldes mit seiner Umsetzbarkeit in Kriegsmaterial verknüpft, im Falle der Religionsgruppe mit seinem Werte zum Ausgleich von Schuldgefühlen wegen übergebührlich langer Abhängigkeit von übermenschlichen Eltern, wobei man für Geld Gefühle der Rechtschaffenheit einhandeln möchte. Bei der GP dürfte er in der Fähigkeit des Geldes liegen, durch Brautkauf oder Mitgift die Gewinnung eines Partners zu erleichtern.

Meine Überlegungen scheinen darauf hinzudeuten, daß die Begriffe der Grundannahmen und des protomentalen Systems eine Erleichterung der Forschung auf anderen Gebieten als denen, aus denen sie hervorgegangen sind, versprechen. Aber ehe wir von dieser Annahme tatsächlich zu weiterer Untersuchung schreiten, dürfte es sich empfehlen, unsere Überlegungen nachzuprüfen, indem wir sie in engere Beziehung zu Tatsachen setzen. Die ins Auge fallende Schwierigkeit liegt darin, festzustellen, welche Grundannahme in einer großen Gruppe aktiv ist. Können wir zum Beispiel sagen, die Grundannahme in einem kriegführenden Volk sei die GK? Wenn ja, würde das für alle Teile des Volkes gelten, zum Beispiel auch für die Landwirtschaft? Wenn wir annehmen, daß ein kriegführendes Volk die GK exemplifiziert, sollen wir dann annehmen, daß dieses Volk einen sinnvollen Untersuchungsbereich für die mit dieser Grundannahme verbundenen Phänomene bietet? Wo sollen wir statistisches Material für Schwankungen in der Häufigkeit von Krankheiten suchen? Welches statistische Material kann Schwankungen im Werte der Währung zeigen und wo sollen wir zur gegebenen Zeit erwarten, diejenigen Schwankungen des Geldwertes oder der Häufigkeit von Krankheiten zu finden, von denen wir erwarten würden, daß sie — wenn überhaupt — mit der Grundannahme beispielsweise des Monats August 1939 korrelieren?

Obwohl es meilenweit vom Studium der kleinen therapeutischen Gruppe abzuliegen scheint, mag es sich doch lohnen, diese Theorien zu der jüngsten Geschichte der Großgruppe in Beziehung zu setzen und dabei zu prüfen, ob sie die Probe der praktischen Anwendung auf tatsächliche Ereignisse bestehen, ehe man sich an das kühnere Unternehmen heranwagt, sie zum Gegenstand statistischer Forschung zu machen.

6

Die folgenden Ausführungen gelten einigen Aspekten der kleinen therapeutischen Gruppe. Betrachten wir einmal die unberechenbaren Schwierigkeiten, die sich bei einer Deutung einstellen können. Wenn ein Psychoanalytiker eine Gruppensitzung nach meiner Methode abhält, so dürfte ihm das bald sinnlos vorkommen. Es scheint unmöglich, durch Deutung Präzision zu erreichen, denn selbst wenn die Formulierung der Deutung befriedigend ist, kann man kaum damit rechnen, daß sie ihr Ziel erreicht.

Anfangs glaubte ich, die Patienten brächten vermittels der Gruppe eine Art von Widerstand zuwege, und um ihm entgegenzuwirken, ließ ich mich darauf ein, individuelle Deutungen zu geben, wie bei der Psychoanalyse. Ich machte also mit, was Patienten oft tun: Es war ein Versuch, individuelle Behandlung zu erlangen. Freilich versuchte ich das als Arzt, aber auf jeden Fall kann man es als einen Versuch auffassen, die „Schlechtigkeit“ der Gruppe zu überwinden. Für den Arzt ist die Gruppe dann „schlecht“, wenn sie sich nicht als therapeutisches Instrument zu eignen scheint — und darüber beklagt sich ja, wie wir schon gesehen haben, auch der Patient. Lassen wir die im Wesen der Gruppe liegenden Eigenschaften beiseite, die diese Klage zu bestätigen scheinen, und führen wir vielmehr diese mangelnde Eignung darauf zurück, daß es dem Arzt oder dem Patienten nicht gelungen ist, die Gruppe therapeutisch nutzbar zu machen, so können wir sehen, daß der Fehlschlag in dem Augenblick, wenn der Analytiker seinem Impuls nachgibt und sich auf individuelle Deutungen einläßt, darin besteht, daß er unter dem Einfluß der GA steht, statt die GA zu deuten; denn sobald ich anfange, einem

Einzelnen vermeintlich psychoanalytische Deutungen zu geben, bekräftige ich die Annahme, daß die Gruppe aus Patienten in Abhängigkeit vom Arzt besteht — und das ist ja die GA.

Jetzt können wir sehen, wie das Gefühl der Unschärfe bei den Deutungen zustande kommt: nämlich aus der Einsicht, daß die Gruppe sich von demjenigen Aspekt in den Äußerungen des Arztes beeinflussen läßt, der sich in die Grundannahme einfügt, und so gut wie gar nicht von demjenigen Aspekt, der in der Deutung des Verhaltens der Gruppe besteht. Bei dem Bemühen um Zielschärfe litt ich, gleich allen Mitgliedern der Gruppe, im Grunde daran, daß die emotionelle Eigenschaft in mir selbst und in der Gruppe mir nicht behagte, die im Wesen der Zugehörigkeit zu menschlichen Gruppen liegt. Diese Eigenschaft ist eine Fähigkeit zur Kooperation mit der Gruppe. Aber ich will das Wort „Kooperation" von jetzt an für bewußtes oder unbewußtes Zusammenwirken mit der Gruppe bei der Arbeit reservieren; für die Fähigkeit zu spontanem, instinktivem Zusammenwirken in den Grundannahmen hingegen — wofür die vorstehenden Ausführungen ein Beispiel sind — will ich das Wort „Valenz" gebrauchen.

Valenz

Ich möchte mit diesem Wort die Bereitschaft des Einzelnen bezeichnen, durch die Grundannahmen und das Handeln nach den Grundannahmen eine Verbindung mit der Gruppe einzugehen. Ist diese Fähigkeit zur Gemeinsamkeit groß, so werde ich von hoher Valenz sprechen, ist sie klein, von niedriger Valenz. Überhaupt keine Valenz kann nach meiner Auffassung nur haben, wer in seinen psychischen Funktionen nicht mehr menschlich ist. Obwohl ich das Wort zur Bezeichnung von Phänomenen benütze, die als psychologische Vorgänge sichtbar sind oder sich von ihnen ableiten lassen, möchte ich es doch auch für eine Bereitschaft zu Verbindungen auf einer Ebene verwenden, die man eigentlich gar nicht psychisch nennen kann; vielmehr handelt es sich um ein Verhalten des Menschen, das eher dem Tropismus der Pflanzen entspricht als einem zielbewußten Verhalten, wie es das Wort „Annahme" auszudrücken scheint. Kurz, ich möchte es, wenn nötig, für Vorgänge im protomentalen System verwenden.

Als ich dem Impuls nachgab, individuelle Deutungen zu geben, war meine Führungsrolle in der Gruppe mehr ein Ausdruck des Unbehagens als eine Aufhellung klar erkannter äußerer Realität. Mein Beitrag zur Arbeitsgruppe war verringert, der zur GA vergrößert, und damit war das „patientenhafte“ Element in meinem Beitrag insgesamt vergrößert worden.

Ich begegne dieser Situation, indem ich annehme, daß alle andern Gruppenmitglieder das gleiche Unbehagen verspüren, lasse von vermeintlich psychoanalytischen Deutungen ab und deute nur denjenigen Aspekt des einzelnen Beitrages, der zeigt, daß jemand, um beispielsweise Hilfe für sein Problem zu erlangen, die Gruppe zur GA führt oder aber zum Übergang auf GP oder GK.

Damit habe ich sowohl die „Patienten“-Komponente meiner Führungsrolle verringert wie auch die betreffenden Einzelnen auf das Dilemma hingewiesen, das sich aus der Zugehörigkeit zur Gruppe ergibt. Aus beiden Tatsachen ergeben sich Konsequenzen, aber für den Augenblick ignoriere ich in der konkreten Gruppensituation beide — und im Rahmen dieser Darstellung auch die Konsequenzen aus der Verringerung der Patienten-Komponente meines Verhaltens.

Das Dilemma des Individuums

Indem ich mich auf denjenigen Aspekt des Beitrages eines Individuums konzentrierte, der von seiner Valenz abhängt, erreiche ich, daß sich die Gruppe mit einer Geschwindigkeit, die unmittelbar von dem Grade ihrer Übung in derartiger Therapie bestimmt ist, in Kindereien und schließlich in Schweigsamkeit flüchtet.

Ich halte mich nicht mit der Darstellung gängiger Deutungen auf, wie etwa derer, die nötig sind, um Schuldgefühle zu demonstrieren, die sich aus der Vorstellung ergeben, daß Deutungen eines Verhaltens in Wirklichkeit Äußerungen der Mißbilligung seien. Gezeigt werden muß, daß Menschen, die dieses Dilemma erleben, davon eingeschüchtert sind und daher Furcht vor den Grundannahmen und der Rolle, die sie selbst bei ihrer Aufrechterhaltung spielen, erkennen lassen. Diese Furcht ist eng verknüpft mit dem Gefühl der Unzulänglichkeit für das Gruppenleben — einem Gefühl, das mit vertiefter Einsicht in die bisher nicht vermuteten Schwierigkeiten der Beteiligung an der menschlichen Gruppe einhergeht. Ich zeige dieses Dilemma des Individuums im gesamten Verlaufe der Existenz der Gruppe — nur mit Unterbrechungen zu Zeiten, wenn andere Gruppenphänomene sich stärker in den Vordergrund drängen. Obwohl keine Änderung in der Situation eintritt, sind die Einzelnen nach und nach nicht mehr so bedrückt von dem Gefühl, an dem einen oder andern Haken des Dilemmas festzuhängen, und nicht mehr so gehindert an aktiver Beteiligung in der Gruppe. Interessanterweise stellt sich als Folge der wachsenden Vertrautheit mit dem Dilemma des Individuums auch heraus, daß der Einzelne in einer Gruppe keine Möglichkeit hat, „nichts zu tun" — auch nicht, wenn er nichts tut. Damit sind wir von neuen, diesmal aus einer anderen Richtung, bei unserer Vermutung angekommen, daß alle Mitglieder einer Gruppe für das Verhalten der Gruppe verantwortlich sind (siehe S. 42).

In der Praxis entwickeln sich die Dinge nicht so glatt, wie es in meiner Darstellung aussieht, denn andere Aspekte der Gruppe drängen sich, wie gesagt, wochen- und monatelang in den Vordergrund und verlangen Beachtung, sei es auch aus keinem andern Grunde als dem, daß sie sich vordrängen und sich daher am besten zur Aufzeigung eignen. Eines dieser andern Phänomene ist die Konsequenz, die sich aus der verringerten Patienten-Komponente im Beitrag des Therapeuten ergibt, dem ich mich nunmehr zuwenden muß.

Wie erinnerlich, stellen Gruppen sich zuweilen auf den Standpunkt, ich sei der Patient, ich hätte von dem Gruppenerlebnis profitiert. Einer der Gründe, warum sie diese Ansicht zum Ausdruck bringen, ist der Neid, daß ich mein Gruppenerlebnis anscheinend besser zu verwerten verstehe als andere und infolgedessen dem „politischen Geschöpf" des Aristoteles nahekomme, indem ich Wachstum und Entwicklung erreiche, wie sie sich bei einem Organismus in der ihm gemäßen Umgebung nun einmal einstellen. Vielleicht gelte ich als der Typus des Patienten, der mehr Betreuung genießt, als ihm zukommt, und eine Ansicht dieser Art führt dazu, daß die Gruppe sich ein anderes Mitglied als Führer aussucht. Wie dem auch sein mag, der neue Führer ist — nach meiner Erfahrung — ausnahmslos ein eindeutig psychiatrischer Fall. Er genießt hohes Ansehen, weil er die Gruppe in Gang halte, weil er offen spreche, kurz, weil er aus verschiedenen Gründen viel besser sei als ich. Diese Lobsprüche haben immer eine gewisse Berechtigung; aber jedenfalls ist der oder die Erwählte der Gruppe immer ganz eindeutig ein „Fall".

Die Lage, bei der wir angelangt sind, ist also diese: Die Gruppe ist damit beschäftigt, das kränkste ihrer Mitglieder, das nun die Führung hat, zu unterstützen, zu besänftigen, ihm zu schmeicheln und zu folgen. Diese Entwicklung müssen wir als den Dual der GA betrachten und uns daher einer weiteren Überlegung zuwenden.

Der Dual der GA

Der einfache Aspekt der GA wird deutlich, wenn alle Individuen in der Gruppe auf mich blicken und mich als jemanden betrachten, zu dem jeder für sich in einem exklusiven Verhältnis steht. Zwischen ihnen ist nicht viel Kontakt zu bemerken, und alle Umstände, die der Auffassung widersprechen, ich löste alle Probleme des Einzelnen und kümmerte mich speziell um sein Wohlergehen, werden verleugnet. Dies geschieht nicht einfach mit Worten, sondern durch eine Art Massenlethargie, die eine Stimulation durch Fakten, die den Gefühlen der GA nicht entsprechen, ausschließt. Zu diesen unerwünschten Fakten gehören Deutungen, gleich ob von mir oder von einem andern gegeben, denen zu entnehmen ist, daß meine angeblich hervorragende Gruppenerfahrung als solche eine Nachprüfung verdiene. Wenn die Gruppe diese Deutungen nicht mehr ignorieren kann, fügt sie sie manchmal in das GA-System ein, indem sie mich wie ein kleines Kind behandelt, auf dessen selbstgefälliges Getue man eingehen muß, um es bei Laune zu erhalten. Das bringt den Zustand zuwege, den ich als den Dual der „einfachen" Form der GA bezeichnet habe — da ich die Gruppe nicht nähre und unterstütze, nährt und unterstützt sie mich.

An dieser Stelle muß ich eine Schwierigkeit erwähnen, der ich mich gegenübersehe, wenn ich dem Leser eine Vorstellung von den Anhaltspunkten für meine Hypothese zu geben suche. Abgesehen davon, daß ich die tatsächlichen Vorgänge etwas abändern muß, um die Anonymität der Personen zu wahren, stelle ich naturgemäß einen Vorgang so dar, daß er meine Theorie bestätigt. Ich muß natürlich meine Hypothese vortragen, weil ich die Vorgänge in einer bestimmten Weise sehe, und es gibt keinen Beweis dafür, daß meine Sichtweise die richtige ist. So ist die Darstellung schließlich nicht viel mehr als eine Wiederholung einer Behauptung in konkreter Einkleidung. Ich möchte ein Mittel finden, dem Leser etwas Handfesteres zu bieten, und zu diesem Zwecke will ich nach Möglichkeit Darstellungen anderer Autoren über Situationen zu finden versuchen, in denen ich Beispiele für die Phänomene sehe, die meine Hypothesen aufhellen sollen. Ich will mich bemühen, Beispiele aus verschiedenen Zeiten und von verschiedenen Orten zu wählen. Mein erstes stammt aus Toynbees „A Study of History" (1948, Bd. I, S. 141-144). Anhand der angeführten Stelle kann der Leser sich selbst eine Meinung bilden und sie mit Vorgängen vergleichen, die ich im Lichte meiner Theorie vorbringe.

Toynbee zeigt, kurz gesagt, wie der Bau der Pyramiden unter den Herrschern der 4. Dynastie Ägypten erschöpft hat. Wendet man meine Theorie darauf an, so handelt es sich bei dieser Situation um eine Gruppenbewegung, die den Angstzustand des Führers beschwichtigen soll. Das Wesen dieser Angst ist nicht von direkter Bedeutung, doch geht es offenbar um den Tod des Führers und die Notwendigkeit, die Realität seines Todes zu verleugnen. Interessant daran ist in dem Zusammenhang, um den es mir hier geht, die weitere Entwicklung der Gruppe: die Ausweitung der Behandlung, die dem Pharao zuteil geworden ist, auf eine immer größere Anzahl von Gruppenmitgliedern, so daß, wie Toynbee sagt, ganz gewöhnlichen Menschen dieselbe Behandlung zuteil wird wie den Pharaonen — genauso gut, nur erheblich billiger. Eine Änderung der Technik hat also alle Vorteile der höchst exklusiven Psychotherapie der Pharaonen auch für sehr bescheidene Geldbeutel erschwinglich gemacht. Anscheinend folgen wir einer altehrwürdigen Tradition, wenn wir die wirtschaftlichen Probleme, vor die uns die Psychoanalyse stellt, mit Hilfe der Gruppentherapie zu lösen suchen. Bei dieser Situation, in der ein ganzes Volk bis zur Erschöpfung arbeiten muß, um für ein einziges Individuum zu sorgen, handelt es sich um das, was ich als den Dual der GA bezeichnen würde. Wir können daran das Ausmaß sehen, in dem die Probleme der GA Kräfte der Gruppe in Anspruch nehmen, die an die äußeren Realitäten der Gruppensicherheit hätten gewendet werden können, wenn es keine Technik für eine direktere Befriedigung der GA gegeben hätte.

Wir werden dies genauer prüfen müssen, wenn wir die Arbeitsgruppe und insbesondere einige spezialisierte Formen der Arbeitsgruppe zu untersuchen haben; aber für den Augenblick muß ich diese Fragen ausklammern, um die Komplikation zu betrachten, die in der GA mit der engen Verbindung zwischen der Führung der Gruppen und dem Gruppenmitglied mit der schwersten psychiatrischen Störung aufgetaucht ist. Ich will es nicht unternehmen, die Frage zu beantworten, warum die Gruppe, wenn sie sich selbst und ihrer eignen Spontaneität überlassen ist, als Führer der GA ihr kränkestes Mitglied wählt. Das ist eine längst bekannte Tatsache und geht so weit, daß große religiöse Führer — und die Religionsgemeinschaft ist aus naheliegenden Gründen eine Gruppe, in der die GA aktiv und stark ist — allgemein als wahnsinnig oder vom Teufel besessen gelten. Es ist, als hätten die Angehörigen einer Gruppe unter Einfluß der GA das Gefühl, wenn sie noch nicht von einem Wahnsinnigen geführt würden, so müßten sie einen finden. Geradeso wie sie alle Tatsachen von sich weisen, die dem Glauben widersprechen, daß der Mensch oder Gott, von dem sie abhängen, sich um jeden von ihnen kümmere, so kann man auch sagen, daß sie alles von sich weisen, was darauf hindeuten könnte, daß der Anführer oder Gott nicht wahnsinnig sei. Der Glaube an die Heiligkeit von Irren, an die Verwandtschaft von Genie und Wahnsinn — das alles deutet auf die Tendenz der Gruppe hin, sich, wenn sie unstrukturiert gelassen wird, ihr kränkstes Mitglied zum Führer zu wählen. Vielleicht wird damit unbewußt anerkannt, daß der Säugling im Grunde geisteskrank ist — wenn wir auch gewohnt sind, sein Verhalten mit seiner körperlichen Entwicklung in Zusammenhang zu bringen —, und in der GA braucht man nicht nur jemanden, von dem man abhängig sein kann, sondern auch jemanden, der abhängig ist.

Die Angst der Arbeitsgruppe

Zunächst ist zu sagen, daß die Gruppe mit der größten Erfahrung im Umgang mit der GA, nämlich die religiöse Gruppe oder die Priesterschaft, dieses Problem des Anführers in der GA immer so anfaßt, als handle es sich um Dynamit. Ich werde später darauf zurückkommen, wenn ich genauer auf die Arbeitsgruppe eingehe. Ständig und in wachsendem Maße wird der Versuch gemacht, dafür zu sorgen, daß der Anführer der GA keine konkrete Person ist. Die gebräuchlichste Art und Weise, in der das geschieht, ist bekanntlich die, einem Gott die Führung zu geben und, wenn er sich aus diesem oder jenem Grunde als noch nicht körperlos genug erweist, danach zu streben, ihn zu Gott, einem geistigen Wesen, zu machen. Die Absicht dabei besteht meiner Meinung nach im wesentlichen darin, die Gruppe an zwei Dingen zu hindern: 1) daran, daß sie einen konkreten Menschen wählt und 2) daß sie eine Wahl mit „verfassungswidrigen“ Mitteln zuläßt, das heißt: durch einen spontanen Wahlakt, bei dem die Affekte nicht durch die Disziplin abgekühlt werden, die beispielsweise zu einer Wahl durch Stimmabgabe gehört. Die Priesterschaft, die, wie gesagt, die Arbeitsgruppe mit der größten Erfahrung im Umgang mit der GA ist, strebt in der Regel danach, beide Möglichkeiten zu vermeiden, geht aber bis zu einem gewissen Grade auf das Verlangen der Gruppe nach einer konkreten Person ein. Selbst die — sehr seltenen — Ausnahmen deuten darauf hin, daß die Priesterschaft, sei es auch unbewußt, die Gefahr sehr wohl spürt. Der Prophet Samuel mißbilligte den Ruf nach dem Ende der israelitischen Theokratie, und als er nachgeben mußte, sorgte er dafür, daß der Führer nach Regeln gewählt würde, die beide Prinzipien verletzten. Es war eine geschickte und gelungene Rache, und die Resultate entsprachen voll und ganz den Erwartungen, die auf den Sieg eines psychisch kranken Kandidaten gerichtet werden konnten.

Der Grund der Angst

Vor welcher Gefahr aber will die Priesterschaft die Gruppe schützen? Es handelt sich, meine ich, nicht bloß um die Gefahren unfähiger Führung, schon deshalb nicht, weil Geistesgestörte keineswegs immer unfähige Führer sind. Aber davon abgesehen möchte ich zeigen, daß die Priesterschaft weit gewichtigere Gründe hat, die spontane Herausbildung der Führung in der GA zu fürchten. Um das darzulegen, muß ich noch einmal auf die Erfahrungen in der kleinen therapeutischen Gruppe zurückkommen.

Auf der Suche nach einem Führer verfällt die Gruppe, wenn möglich, auf einen paranoiden Schizophrenen oder hochgradigen Hysteriker. Ist keiner von beiden vorhanden, so tut es auch ein Psychopath mit verbrecherischen Neigungen oder starken Persönlichkeitsdefekten bei großer Wortgewandtheit. Ich habe noch nie eine Gruppe von mehr als fünf Köpfen erlebt, die nicht ein gutes Exemplar eines dieser Typen zu stellen vermochte.

Sobald der Führer ausfindig gemacht ist, behandelt die Gruppe ihn — oder sie — mit einer gewissen Ehrerbietung, und ab und zu trägt eine Prise Schmeichelei dazu bei, die Führungsposition dieser Person zu kräftigen: „Herr Soundso hält das Gespräch immer so schön in Gang." Meistens ist eine gewisse Tendenz zu beobachten, bei mir nach Anzeichen von Eifersucht zu forschen; aber diese Phase geht rasch vorüber. Häufig ist die Bemerkung zu hören, die Gruppe „könnte nicht auskommen" ohne Herrn X oder Herrn Y. Auch über mich wird dies gesagt. So unwesentlich das scheint, es ist doch ein Zug, den wir später noch recht genau zu beachten haben werden.

Wenn die Führung des Betreffenden sich in den Augen aller Gruppenangehörigen gehörig durchgesetzt hat, stellen sich Schwierigkeiten ein. König Saul, die Frösche bei Äsop, die einen Storch als König haben wollten, die Pharaonen — sie alle exemplifizieren in verschiedenen Graden Aspekte der Gruppe in ihrer neuen Situation. Wie schon oben gezeigt, wendet sich die Gruppe mir zu. Selbstverständlich ist nicht nur die Priesterschaft über diese Situation entsetzt. Bei einem Zustande, der dazu angetan ist, die GA zu aktivieren, oder der seinerseits von ihr aktiviert sein könnte, besteht immer die Furcht vor Diktatur. Ein Beispiel aus neuerer Zeit ist, daß die britische Sozialgesetzgebung in den Jahren nach dem Zweiten Weltkrieg bei vielen die Besorgnis ausgelöst hat, dieser Wohlfahrtsstaat werde zu tyrannischer Freiheitsbeschränkung führen, zur Machtübernahme durch Kommunisten, Bürokraten usw. Sehr häufig hört man in dieser Situation die Forderung nach Rückkehr zum Glauben an Gott, und es wäre überraschend, wenn nicht auch irgendjemand in der kleinen therapeutischen Gruppe eben diesen Ruf erhöbe. In ihm drückt sich der Wunsch aus, die konkrete Verkörperung der Führung in einem lebendigen Gruppenmitglied zu vermeiden. Wenn ich die Dinge sich entwickeln lasse, so werden gewiß vielerlei Mittel dagegen vorgeschlagen: Revolte gegen den gewählten Führer, der Anspruch, die Behandlung solle allen offenstehen, statt daß einer sie allein genieße — und so weiter. Insgesamt läßt sich bei so gut wie allen vorgeschlagenen Lösungen eine starke Ähnlichkeit mit Verfahrensweisen erkennen, die auch im Verlauf der Geschichte erprobt worden sind. Wovor aber die Gruppe sich schützen will, ist nicht so leicht zu beschreiben.

Affektive Schwankungen in einer Gruppe

Meine Schlußfolgerung: Die Situation geht auf den Stimulus zurück, der dadurch hervorgerufen ist, daß auf der Arbeitsgruppenebene der therapeutischen Gruppe Führer und Psychiater eine und dieselbe Person sind. Die Gruppe ist gezwungen, zu erkennen, daß der spontan gewählte Führer ernstlich gestört ist. Wie schon erwähnt, ist es anscheinend wesentlich, daß bei der GA der Führer „irre" oder daß er ein „Genie" ist — um die Bezeichnung zu gebrauchen, die der Gruppe schmeichelhafter für sich selbst und für den Betreffenden erscheint. Zugleich ist sie zu glauben gezwungen, er sei der Führer, auf den sie sich verlassen kann. Dies ist nur durch eine Reihe von Schwankungen von einer Anschauung zur andern möglich. Diese Schwankungen können sehr rasch werden, wenn ich es unterlasse einzugreifen — und ich habe diese Situation mehrere Male geprüft, indem ich sie sehr weit fortschreiten ließ, sogar bedenklich weit. Die Schwankungen müssen rasch aufeinander folgen und eine beträchtliche Schwingungsweite haben, wenn der Abstand zwischen den beiden Anschauungen so groß ist wie in dieser Situation — denn man kann sich wohl schwer zwei Anschauungen vorstellen, die weiter auseinander liegen als der Glaube, der Führer sei wahnsinnig, und der Glaube, er sei der zuverlässige Mensch, dem man das eigene Wohlergehen vertrauensvoll in die Hände legen kann. Die Folge ist, daß die affektive Situation, der die Gruppe keine Schranken mehr setzen kann, mit explosiver Gewalt auf andere Gruppen übergreift, bis genug Gruppen erfaßt sind, um die Reaktion aufzufangen. In der Praxis zeigt sich das in der kleinen Gruppe als ein Drang, sich bei außenstehenden Instanzen zu beklagen, z. B. Briefe an Zeitungsredaktionen, Parlamentsabgeordnete oder die Klinikleitung zu schreiben. Der Zweck dieser Einbeziehung anderer Gruppen ist nicht, wie ich anfänglich vermutet habe, Rache an dem Psychiater für erlittene Unannehmlichkeiten zu nehmen, obwohl auch dies der Fall sein und sich zum Schaden des Psychiaters oder der Gruppe auswirken kann. Vielmehr geht es darum, so viel „Ballast“, nämlich Außenstehende, die an der affektiven Situation der Gruppe nicht beteiligt sind, aufzunehmen, daß die neue, viel größere Gruppe zu schwingen aufhört. Die heftige und unangenehme Massenschwingung ist vorüber.

Natürlich kommt es sehr darauf an, wie schnell die andern Gruppen — oder eine einzelne Gruppe oder auch nur ein Teil einer andern Gruppe — hineingezogen werden können, um die Schwankungen aufzufangen. Wenn sie zu langsam oder in zu kleinen Kontingenten erfaßt werden, greifen die Schwankungen auf die bis dahin Unbeteiligten über, und die Situation ist unangenehmer denn je.

Selbstverständlich ist es nicht wünschenswert, daß es zu einer solchen Explosion kommt, und es ist — außer im Interesse der Forschung — nicht vertretbar, eine Reaktion so weit gehen zu lassen, daß die Gruppe ihre Emotionen nicht mehr in Schranken halten kann. Der Psychiater muß Deutungen finden, die der Gruppe eine Einsicht in die Vorgänge bieten. Es gilt, einen Kontakt zwischen der Grundannahme und der Arbeitsgruppe herzustellen.

Diesen Zweck erfüllen meiner Meinung nach Deutungen, mit denen die Phänomene, die ich hier umrissen habe, im einzelnen und im Verlaufe ihrer Entwicklung bloßgelegt werden. Vielleicht findet der Leser es interessant, nicht nur in historischen Büchern, sondern auch in Zeitungsberichten und andern Darstellungen aus der Gegenwart auf Situationen zu achten, die meiner Beschreibung der GA und ihres Duals in den Berichten über Gruppenvorgänge entsprechen. In England jedenfalls habe ich oft den Eindruck, daß Presseäußerungen über den sogenannten „Wohlfahrtsstaat“ die Besorgnis verraten, die GA werde entweder in der einfachen oder in der dualen Form stimuliert, oder aber sie sei die Quelle, aus der Wünsche nach einem Wohlfahrtsstaat entspringen. Ich muß jedoch hinzufügen, daß es viel leichter ist, diese Phänomene in Gruppen zu entdecken, die man von außen her betrachtet, als in einer kleinen Gruppe, an der man aktiv beteiligt ist. Gerade dies aber ist das Erlebnis, auf das es ankommt.

7

Im vorangegangenen Abschnitt habe ich eine der Ursachen von Schwankungen in der Gruppe dargestellt. Jetzt möchte ich ein Phänomen betrachten, das entweder zu solchen Schwankungen oder aber zur Spaltung führen kann. In meinem fünften Abschnitt habe ich gesagt, „Entwicklung“ sei eine wichtige Funktion der Arbeitsgruppe. Sie ist aber auch eines der Merkmale, durch die sich die Arbeitsgruppe von der Grundannahmen-Gruppe unterscheidet. Die Arbeitsgruppe beschäftigt sich naturgemäß mit Realität, und man kann daher vielleicht sagen, sie habe einige der Merkmale, die Freud in seinen Ausführungen über das Individuum dem Ich beilegt. Da sich die Arbeitsgruppe mit Realität befaßt, neigen ihre Methoden letzten Endes zur Wissenschaftlichkeit. Jetzt geht es um den Widerstand, der eintritt, wenn von der Gruppe oder den Individuen, die sie bilden, Entwicklung verlangt wird.

Spaltung

Je nach seiner Persönlichkeit hält sich das Individuum an eine von zwei Untergruppen. Die eine Untergruppe ist gegen weiteres Fortschreiten und beruft sich dabei auf Treue zum Führer der abhängigen Gruppe oder auf die Gruppenbibel, die, wie wir gesehen haben, einen Ersatz für den Führer darstellt. Die Anhänger dieser Untergruppe berufen sich auf Tradition, auf „das Wort (des Gruppen-)Gottes“ oder auf jemanden, der zum Gruppengott gemacht worden ist, um gegen Veränderungen Widerstand zu leisten. Die Mitglieder dieser Untergruppe manipulieren den Führer der abhängigen Gruppe oder seinen Ersatz, als dessen Anhänger sie sich ausgeben, dahingehend, daß die Zugehörigkeit zu der Gruppe keine schmerzhaften Opfer verlangt und daher verlockend ist. Die psychische Tätigkeit wird damit auf einer Ebene stabilisiert, wo sie platt, dogmatisch und schmerzlos ist. Die Entwicklung wird gebremst, und die Stagnation, die sich daraus ergibt, ist weithin wirksam.

Die entgegengesetzte Untergruppe besteht aus denen, die als Anhänger neuer Ideen auftreten, und steuert das gleiche Ziel an wie die erste Untergruppe, aber auf andere Weise. Sie wird in ihren Forderungen so anspruchsvoll, daß sie keine neuen Mitglieder mehr rekrutieren kann. Auf diese Weise kommt es nicht zu dem schmerzhaften Vorgang, Eingeweihte und Uneingeweihte, Primitive und Entwickelte zusammenzubringen, der das Wesen des Entwicklungskonfliktes ausmacht. Beide Untergruppen erreichen also das gleiche Ziel; der Konflikt wird beendet. Wenn ich der Deutlichkeit zuliebe übertreiben darf, so möchte ich sagen, daß die erste Untergruppe zahlreiche primitive, unkultivierte Individuen in sich begreift, die ihr ständig Zuwachs bringen, aber sich nicht entwickeln, während die andere Untergruppe sich entwickelt, aber auf so schmaler Front und mit so geringem Zustrom, daß auch sie dem schmerzhaften Zusammentreffen der neuen Ideen mit dem primitiven Zustand ausweicht. Der Mechanismus gleicht den unterschiedlichen Entwicklungsstand zwischen den Einzelnen in der Gemeinschaft aus und verhindert außerdem den Konflikt zwischen Trieb und Entwicklung beim Einzelnen. Ich muß dabei an die Behauptung denken, daß eine Gesellschaft sich durch ihre weniger kultivierten und gebildeten Mitglieder ausgiebig fortpflanze, während die „Besten“ hartnäckig steril bleiben.

Der Spaltung, wie ich sie hier in extremer Form dargestellt habe, ist der Versuch der Gruppe gegenüberzustellen, Schwankungen durch Einbeziehung außenstehender Gruppen zu beenden (Abschnitt 6): Die sich spaltende Gruppe sucht ihre Probleme durch Kampf im Innern zu lösen, die andere durch Kampf mit der Außenwelt.

Andere Anschauungen über Gruppen

Vielleicht ist es gut, wenn ich jetzt die Hauptthemen der vorstehenden Seiten zusammenfasse und einen Vergleich mit einigen der vielen andern Anschauungen über Gruppen anstelle.

Das Problem des Verhältnisses des Individuums zu andern Individuen und zu seiner Gruppe ist schon sehr früh behandelt worden. Platon hat die Einzelfunktion in der Gruppe hervorgehoben, also die Notwendigkeit, daß der Schuster bei seinem Leisten bleibe, wenn die Gruppe harmonisch leben wolle. Diese Anschauung wirkt naiv, wenn man sie an der Komplexität der modernen Psychologie mißt; aber man kann darüber vergessen, daß etwas Wahres an dieser Feststellung ist. Sie setzt voraus, daß die Individuen vernünftige Menschen sind und daß der beherrschende Gesichtspunkt die von der Realität auferlegte Beschränkung ist. Wenn der Einzelne sich an seine Aufgabe hält, wenn er auch den andern Einzelnen die Möglichkeit läßt, ihre Aufgaben zu erfüllen, dann ist alles in Ordnung. Nach meiner Terminologie hieße das: Wenn die Arbeitsgruppe die einzige Komponente im psychischen Leben der Gruppe wäre, dann gäbe es keine Schwierigkeiten. Aber der Gedanke, den ich auf diesen Seiten herausgearbeitet habe, besagt, daß die Arbeitsgruppe fortwährend durch Einflüsse gestört wird, die auf andern psychischen Phänomenen der Gruppe beruhen.

Daß dies so ist, hat sich schon früh herausgestellt, und Platons Theorie wurde als unzureichend empfunden, weil sie der Probe der Erfahrung nicht standhielt. Vor allem hat Aristoteles sie kritisiert. Aber ich glaube, für unsere Zwecke brauchen wir mit der Betrachtung der weiteren Entwicklung erst wieder bei dem „Gottesstaat“ des Augustinus einzusetzen.

Es ist bedeutsam, daß die Eroberung Roms durch Alarich eine so starke Reaktion hervorgerufen hat und daß sie für Augustinus zum Anlaß geworden ist, den ganzen Fragenkomplex der menschlichen Beziehungen innerhalb des Staates neu zu betrachten. Er tut das, indem er eine himmlische Stadt annimmt, in der die Beziehungen zwischen den Individuen in Einklang gebracht werden durch die Beziehungen eines jeden Individuums zu Gott. Diese Anschauung unterscheidet sich erheblich von der Platons. Augustinus hat eine neue Dimension eingeführt. Seine Postulate setzen voraus, daß Platons Darstellung der Arbeitsgruppe — wie ich sie nenne — kein ausreichendes Bild von der Gruppe gibt; gebraucht wird etwas, das dem sehr nahekommt, was ich mit der Bezeichnung GA meine. Ich habe schon ausgeführt, daß in der GA die Einzelnen keine Beziehungen zueinander haben, daß aber jeder eine Beziehung zum Führer hat.

Seit Augustinus ist niemand wieder wirklich zu der klassischen Anschauung zurückgekehrt, nur daß Hobbes in mancher Hinsicht die Art von Phänomenen nahezu ignorierte, die Augustinus zu behandeln versucht hatte. Liberale Denker neuerer Zeit neigten zu der Ansicht, Gefühl und Verstand ließen sich leicht in Einklang bringen, oder — in meiner Terminologie — die Tätigkeiten der Arbeitsgruppe ließen sich leicht mit denen der Grundannahmen-Gruppe in Einklang bringen. Nietzsche scheint sich gegen diese Anschauung zu wenden und der Meinung zu sein, daß eine Gruppe nur durch Freisetzung aggressiver Impulse Kraft gewinne. Nach meiner Terminologie würde das heißen, ein Gefühl der Stärke sei nur durch die Vorherrschaft der Grundannahme, vor allem GK, zu erreichen.

Nach meiner Erfahrung mit Gruppen sieht es so aus, als würden alle diese Auffassungen in der einen oder andern Form ausgesprochen und gewännen sogar im Handeln zeitweilig die Oberhand. Aber nach allem, was ich bisher ausgeführt habe, wird man sich vorstellen können, daß meiner Ansicht nach keine von ihnen eine dauerhafte Lösung bietet. Auf jeden Fall sind die Gruppenreaktionen, wie ich hoffentlich zeigen kann, unendlich vielschichtiger, als die vorstehenden Theorien selbst in ihrer ganzen Breite und Tiefe ahnen lassen. Freud hat sich ausdrücklich auf eine flüchtige Behandlung des Gruppenproblems beschränkt („Massenpsychologie und Ich-Analyse"), indem er in seinen Bemerkungen großenteils von einer Kritik der Arbeiten anderer aus psychoanalytischer Sicht ausging.

In „Massenpsychologie und Ich-Analyse" macht Freud zunächst darauf aufmerksam, Individual- und Gruppenpsychologie[3] ließen sich nicht absolut voneinander trennen, weil die Psychologie eines Individuums als solche eine Funktion seines Verhältnisses zu einem andern Menschen oder Objekt sei. Er wendet ein (Ges. Werke, Bd. XIII, S. 73), es falle schwer, dem Moment der Zahl eine so große Bedeutung einzuräumen, „daß es ihm allein möglich sein sollte, im menschlichen Seelenleben einen neuen und sonst nicht betätigten Trieb zu wecken". Meiner Ansicht nach wird kein neuer Trieb geweckt — er ist immer wach. Das einzig Bemerkenswerte an der Ansammlung von Menschen in einer Gruppe ist, daß wir dabei Gelegenheit haben, die „politischen" Eigenschaften des Menschen in Tätigkeit zu sehen. Ich habe schon gesagt, daß ich es nicht für notwendig halte, eine Anzahl von Menschen zu versammeln — der Einzelne hat gar keine andere Wahl, als eben Mitglied einer Gruppe zu sein, selbst wenn seine Gruppenzugehörigkeit in einem Verhalten besteht, das der Vorstellung, er gehöre gar keiner Gruppe an, reales Gewicht verleiht. In dieser Hinsicht handelt es sich bei der psychoanalytischen Situation nicht um „Individualpsychologie", sondern um eine „Paarbeziehung". Der Einzelmensch ist ein Gruppengeschöpf, das nicht einfach mit der Gruppe, sondern mit sich selbst und denjenigen Aspekten seiner Persönlichkeit, die seine „Vergrupptheit" ausmachen, im Kampfe liegt.

Eine Gruppe muß in einem Raume zusammenkommen, weil sich nur auf diese Weise die nötigen Forschungsbedingungen erzielen lassen. Freud und andere, die er zitiert, wie McDougall und Le Bon, scheinen mir der Meinung zu sein, Gruppenpsychologie sei etwas, das entstehe, wenn eine Anzahl von Menschen zur gleichen Zeit am gleichen Orte versammelt sind, und in dieser Hinsicht schließe ich mich Freuds Einwand an, daß man damit der Zahl zuviel Bedeutung beimesse; aber ich glaube, er ist im Irrtum, wenn er sagt, eine Lösung sei nur in einer von zwei Alternativen zu suchen:

1. in der Möglichkeit, daß der soziale Instinkt kein ursprünglicher und unzerlegbarer sei, oder

2. daß die Anfänge seiner Bildung in einer bestimmten Beziehung, etwa in der Familie liegen.

Es gibt noch eine dritte Möglichkeit. Ich würde sagen, daß die versammelte Gruppe dasselbe ist wie Analytiker und Analysand; der Analysand muß erst zum Analytiker kommen, damit die Übertragungsbeziehung aufgezeigt werden kann. Ebenso ist es wichtig, daß die Gruppe zusammenkommt, damit die Eigenschaften der Gruppe und des Individuums innerhalb der Gruppe aufgezeigt werden können. Dem Zusammenkommen der Gruppe als solchem lege ich keine grundsätzliche Be-

[3] Der von Freud verwendete Terminus „Masse" wird in den englischen Übersetzung seiner Schriften, die der Verfasser zitiert, mit „group" wiedergegeben. Da Freud selbst die beiden Termini als äquivalent behandelt hat, wie vor allem in seiner Auseinandersetzung mit McDougall deutlich wird („Massenpsychologie und Ich-Analyse"), wird „group" in der vorliegenden Übersetzung einheitlich mit „Gruppe" wiedergegeben — mit Ausnahme der Zitate. (Anm. des Verlages.)

deutung bei. Wichtig ist nur, daß sie eng genug zusammenkommt, so daß ich eine Deutung geben kann, ohne dabei brüllen zu müssen. Das heißt, die Teilnehmerzahl muß begrenzt sein. Desgleichen darf die Gruppe nicht zu weit zerstreut sein, denn alle sollen die Anhaltspunkte, auf denen ich meine Deutung aufbaue, selbst bezeugen können. Aus dem gleichen Grunde müssen die Teilnehmer alle zur gleichen Zeit zusammenkommen. Die Versammlung der Gruppe an einem bestimmten Ort und zu einer bestimmten Zeit ist also aus den eben genannten rein technischen Gründen offenbar sehr wichtig, spielt aber bei der Entstehung der Gruppenphänomene gar keine Rolle. Dem Gedanken, daß es auf die Zusammenkunft ankäme, liegt die irrige Vorstellung zugrunde, etwas müsse unbedingt in dem Augenblick seinen Anfang nehmen, in dem seine Existenz aufweisbar wird.

Es kommt mir darauf an, daß man von keinem Individuum, sei es auch zeitlich und räumlich noch so isoliert, sagen kann, es stehe außerhalb einer Gruppe oder es zeige keine aktiven Manifestationen der Gruppenpsyche, selbst dann nicht, wenn die Umstände nicht erlauben, diese nachzuweisen. Eine Anerkennung des Gedankens, daß der Mensch ein Gruppengeschöpf ist, würde die Schwierigkeiten auflösen, die man in dem Paradoxon zu spüren scheint, daß eine Gruppe mehr ist als die Summe ihrer Mitglieder. Die Erklärung für gewisse Phänomene ist in der Matrix der Gruppe zu suchen und nicht bei den Individuen, aus denen sich die Gruppe zusammensetzt. Kein Teil eines Uhrwerks übt für sich allein die Funktion aus, die Zeit zu messen, und doch ist dies die Funktion der Uhr und ihrer verschiedenen Teile, wenn sie ineinander verzahnt sind. Von der Vorstellung, daß eine Gruppe mehr als die Summe ihrer Mitglieder, braucht man sich ebensowenig verwirren zu lassen wie von der Vorstellung, daß eine Uhr mehr ist als eine Ansammlung der Teile, die zu einer Uhr gehören.

Zusammenfassend gesagt: Das Individuum hat Merkmale, deren wahre Bedeutung nicht verstanden werden kann, wenn man sie nicht als Teile seiner Ausstattung als Herdentier betrachtet und wenn man sie nicht im sinnvollen Untersuchungsbereich sucht — also in diesem Falle in der Gruppe. Man kann einen Einsiedler nicht verstehen, wenn man sich nicht über die Gruppe informiert, der er angehört. Wenn man einwendet, in einem solchen Falle habe man es doch gar nicht mit einer Gruppe zu tun, so beweist man damit nur einen naiven Mangel an Einsicht. Aus diesem Grunde habe ich Vorbehalte gegen Rickmans Bezeichnungen wie „Zweier-“ und „Dreierverhältnisse“. Ich glaube, solche Ausdrücke erlauben eine zu naive Auslegung. Der Einsiedler läßt sich nicht besser verstehen, wenn man ihn als Glied einer Zweiersituation betrachtet, bloß weil er und der Beobachter geographisch miteinander allein zu sein scheinen. Ich würde erfahren wollen, ob der Einsiedler und der Beobachter beide der gleichen Gruppe angehören und, wenn nicht, welchen Gruppen sie angehören. Es würde mir auch nicht den geringsten Eindruck machen, wenn sonst niemand zu sehen wäre.

Vielleicht wird mein Standpunkt noch deutlicher, wenn ich sage, daß dieses Argument zu meinen Einwänden gegen die psychoanalytische Betrachtung historischer Gestalten beiträgt. Die Auswirkungen von Fehlern, die sich bei der Psychoanalyse aus der Mißachtung von Gruppenphänomenen ergeben können, werden mit einiger Wahrscheinlichkeit immerhin durch die Tatsache gemildert, daß der Analytiker und sein Patient viele Gruppenspannungen miteinander gemein haben. Ein Analytiker von heute, selbst wenn er sich über die Bedeutung einer Kenntnis der allgemeinen Umstände der Person, die er betrachtet, im klaren ist, kann einfach für die Situation, in der eine historische Gestalt gelebt hat, nicht dasselbe Gefühl haben wie für die Situation, in der sein Patient lebt.

Mir scheint, Freud ist sich in gewisser Hinsicht bei seiner Behandlung der Gruppen nicht über das Wesen der Revolution im klaren, die er selbst herbeigeführt hat, als er eine Erklärung für neurotische Symptome nicht beim Individuum suchte, sondern in der Beziehung des Individuums zu Objekten. Der Sinn einer Beschäftigung mit der Gruppe liegt darin, daß man sich sich dabei einen anderen Untersuchungsbereich vornimmt und Phänomene einbezieht, die außerhalb der Gruppe nicht untersucht werden können. Außerhalb der Gruppe tritt ihre Wirksamkeit nicht zutage. Die Gruppe — im Sinne einer Ansammlung von Menschen in einem Raume — enthält keine Elemente, die nicht schon im Individuum oder in der Summe der Individuen enthalten sind — sie enthüllt lediglich etwas, das andernorts nicht sichtbar ist.

Mit andern Worten: Der scheinbare Unterschied zwischen Gruppenpsychologie und Individualpsychologie ist eine Illusion, die darauf beruht, daß die Gruppe einen sinnvollen Untersuchungsbereich für gewisse Aspekte der Individualpsychologie bietet und damit Phänomene hervortreten läßt, die einem Beobachter, dem die Arbeit mit Gruppen ungewohnt ist, fremd erscheinen.

Freud gibt, soweit ich sehen kann, nirgends an, seine Anschauungen von der Gruppe beruhten auf einem Studium des Animismus; er sagt, sein Beitrag sei nur in seiner Auswahl von Material und Meinungen (vermutlich aus dem Standardwerk, das er in „Totem und Tabu", Seite 125, Fußnote 1, zitiert) zu sehen. Seine Erklärungen des Gruppenverhaltens sind offenbar deduktiv aus der analytischen Situation abgeleitet. Daran mag es liegen, daß Freuds Ausführungen über die Gruppe und noch mehr die von Le Bon, den Freud mit einer gewissen Zustimmung zitiert, für mich etwas sonderbar klingen, wenn ich sie mit meinen konkreten Erfahrungen in Gruppen vergleiche. Freud zitiert beispielsweise Le Bon: „Die Massen haben nie den Wahrheitsdurst gekannt. Sie fordern Illusionen, auf die sie nicht verzichten können" (Freud, 1921, S. 85). Dieser Darstellung kann ich nicht zustimmen. Wie ich zu Beginn dieses Abschnittes erwähnt habe, halte ich viel von der Wirksamkeit der Arbeitsgruppe, die durch ihre Beschäftigung mit der Realität gezwungen ist, wissenschaftliche Methoden anzuwenden, wenn auch in noch so rudimentärer Form. Ich glaube, einer der interessantesten Züge der Gruppe besteht darin, daß trotz des Einflusses der Grundannahmen auf lange Sicht doch die Arbeitsgruppe triumphiert. Freud selbst scheint — insbesondere bei seinen Ausführungen über die schöpferische Rolle der Gruppe bei der Entstehung der Sprache, des Volkslieds, der Volksbräuche usw. — der Ansicht zu sein, daß Le Bon der Gruppe keine Gerechtigkeit widerfahren lasse. In seiner Kritik an McDougalls Ansichten über die hoch organisierte Gruppe hebt Freud besonders hervor, McDougall meine, daß die Bedingungen der Organisation „die psychischen Nachteile der Massenbildung" aufhöben. Das kommt meiner Anschauung sehr nahe, die Funktion der spezialisierten Arbeitsgruppe bestehe darin, durch Manipulation der Grundannahme zu verhüten, daß sie die Arbeitsgruppe behindert. Freud dagegen sieht die Aufgabe darin, „der Masse gerade jene Eigenschaften zu verschaffen, die für das Individuum charakteristisch waren und bei ihm durch die Massenbildung ausgelöscht wurden". Er postuliert ein „Individuum außerhalb der primitiven Masse", das seine Kontinuität, sein Selbstbewußtsein, seine Traditionen und Gewohnheiten, seine besonderen Leistungen und seine Stellung hatte. Durch seinen Eintritt in die nicht organisierte Masse habe das Individuum seine Eigenart einstweilen verloren (Freud, 1921, S. 94).

Meiner Ansicht nach nimmt der Kampf des Individuums um die Erhaltung seiner Eigenart je nach dem Zustand der Gruppenpsyche verschiedene Formen an. Die Gruppenorganisation sollte Stabilität und Dauer für die Arbeitsgruppe schaffen, von der man glaubt, daß sie viel leichter von den Grundannahmen überflutet wird, wenn die Gruppe unorganisiert ist. Individuelle Eigenart spielt keine Rolle im Leben in einer Gruppe, die nach den Grundannahmen handelt. Organisation und Struktur sind Waffen der Arbeitsgruppe. Sie sind Ergebnis der Kooperation zwischen den Mitgliedern, und wenn sie sich einmal in der Gruppe durchgesetzt haben, so erfordern sie immer weitere Kooperation von den Einzelpersonen. In dieser Hinsicht ist McDougalls organisierte Gruppe immer eine Arbeitsgruppe und niemals eine Grundannahmen-Gruppe. Eine

Gruppe, die nach einer Grundannahme handelt, braucht keine Organisation und keine Kooperation.

Das Gegenstück zur Kooperation ist in der Grundannahme-Gruppe die „Valenz" — eine spontane, unbewußte Funktion der Herdeneigenschaft in der menschlichen Persönlichkeit. Erst wenn die Gruppe nach einer Grundannahme zu handeln beginnt, treten Schwierigkeiten auf. Handeln bedeutet zwangsläufig Kontakt mit der Realität; Kontakt mit der Realität zwingt zur Achtung vor der Wahrheit und gebietet daher wissenschaftliche Methodik — und so betritt die Arbeitsgruppe die Szene.

Wir können nun auf die spezialisierte Arbeitsgruppe zurückkommen, um sie weiterer Betrachtung zu unterziehen. Wie ich angedeutet habe, war Freud dadurch behindert, daß er Gruppensituationen aus seinen Studien der Übertragung ableiten mußte. Aus Gründen, die ich schon genannt habe, ist die Übertragung mit einiger Wahrscheinlichkeit von Gruppenmerkmalen gefärbt, die aus der GP stammen — das heißt, von Phänomenen, die mit einiger Wahrscheinlichkeit vom Stimulus der Paarsituation ausgelöst sind, die bei der Psychoanalyse tatsächlich vorliegt. Ja, gerade in ihrer Gruppensituation können wir am leichtesten sowohl die Quelle der Vorrangstellung sexueller Elemente in der Psychonalyse finden wie die Quelle des Verdachtes und Vorwurfs von Freuds Gegnern, die Psychoanalyse sei „sexuell". Die unmittelbare Folge für seine Ausführungen über Gruppen ist, daß er aus der Psychoanlalyse einige der Merkmale zweier spezialisierter Arbeitsgruppen, des Heeres und der Kirche, ableiten konnte, aber nicht auch zu einer Erörterung derjenigen spezialisierten Arbeitsgruppe gelangte, die sich am ehesten mit Manifestationen der GP zu befassen hat, nämlich der Untergruppe, die der Abstammung die höchste Bedeutung beimißt: die Aristokratie. Wenn Arbeitsgruppenmerkmale eine dominierende Rolle spielten, würden sie sich in einer Betätigung wie etwa der Unterstützung der Erbforschung kundtun. Wie die Dinge liegen, können wir nicht sagen, das der Abstammung entgegengebrachte Interesse habe die wissenschaftliche Aura, die für die Arbeitsgruppe charakteristisch wäre. Das liegt natürlich daran, daß die Aristokratie sich nicht einfach mit dem Arbeitsgruppenproblem befaßt. Sie ist eine spezialisierte Untergruppe, die abgespalten ist, um sich ganz ähnlich mit der GP zu befassen wie das Heer mit der GK und die Kirche mit der GA. Daher dürfte das Verhältnis dieser Untergruppe zu der Hauptgruppe wohl kaum von der wissenschaftlichen Genauigkeit bestimmt sein, mit der sie ihre Liebesaffären nach streng genetischen Grundsätzen abwickelt, sondern eher von der Gründlichkeit, mit der sie die Gruppenforderung erfüllt, die GP so zu behandeln, daß sie nicht die Arbeitsgruppenfunktionen der Gruppe insgesamt behindert.

Ich habe schon gesagt, daß die Angst bei der GP auf das Gefühl zurückzuführen ist, sowohl die Gruppe wie das Individuum hätten dem ungeborenen Genie zu dienen. Die Funktion der Aristokratie besteht manchmal darin, ein Ventil für Handeln nach der Grundannahme der Paarbildung zu finden, ohne den Realitätssinn der Gruppe zu verletzen, und manchmal darin, zu verhüten, daß der Realitätssinn der Gruppe die Institutionen untergräbt, deren Erhaltung für die Gruppe wichtig ist, weil sie ihr ein harmloses Mittel zur Manifestation der GP bieten.

Gruppendynamik

Mit Hilfe seiner psychoanalytischen Erfahrung hat Freud (1913; 1921) einige der dunklen Stellen zu beleuchten versucht, auf die Le Bon, McDougall und andere in ihren Arbeiten über die menschliche Gruppe gestoßen waren. Ich will hier die gleichen Probleme im Lichte moderner Entwicklungen in der Psychoanalyse betrachten, insbesondere derjenigen, die sich aus den Arbeiten von Melanie Klein ergeben.

Melanie Klein macht darauf aufmerksam, daß der Einzelmensch schon zu Beginn seines Lebens mit der Mutterbrust und später, wenn sein primitives Bewußtsein sich rasch erweitert, mit der Familiengruppe in Kontakt steht. Sie hat ferner gezeigt, daß die Natur dieses Kontaktes ganz spezifische Eigentümlichkeiten aufweist, die von tiefgreifender Bedeutung sowohl für die Entwicklung des Individuums wie für ein gründlicheres Verständnis der Mechanismen sind, auf die schon Freud mit genialer Intuition hingewiesen hat.

Ich möchte zeigen, daß der Erwachsene in seinem Kontakt mit dem vielschichtigen Leben in einer Gruppe auf Mechanismen verfällt, die nach Melanie Klein (1931, 1946) typisch sind für die frühesten Phasen der psychischen Entwicklung. Vermutlich handelt es sich dabei um eine massive Regression. Der Erwachsene muß Kontakt mit dem affektiven Leben der Gruppe herstellen, in der er lebt. Dies mag für den Erwachsenen eine ebenso gewaltige Aufgabe sein wie für den Säugling die Beziehung zur mütterlichen Brust, und sein Versagen vor den Anforderungen dieser Aufgabe offenbart sich in seiner Regression. Der Glaube an die Existenz einer Gruppe, die mehr wäre als eine Summe der Individuen, ist ein wesentlicher Bestandteil dieser Regression, ebenso die Wesenszüge, mit denen das Individuum die vermutete Gruppe ausstattet. Die phantasierte Gruppenexistenz erhält Substanz durch die Tatsache, daß die Regression für das Individuum mit einem Verlust seiner „individuellen Eigenart" (Freud, 1921, S. 94), der von Entpersönlichung nicht zu unterscheiden ist, verbunden ist und daher die Beobachtung verhindert, daß die Ansammlung aus Individuen besteht. Wenn der Beobachter meint, eine Gruppe existiere, müssen demnach die Individuen, aus denen sie besteht, diese Regression durchgemacht haben. Sollten umgekehrt die Individuen in einer „Gruppe" (wobei mit dem Wort eine Ansammlung von Individuen gemeint ist, die sich alle im gleichen Zustand der Regression befinden) sich aus irgendeinem Grunde vom Bewußtsein ihrer individuellen Eigenart bedroht fühlen, so befindet sich die Gruppe in dem emotionalen Zustand, den man Panik nennt. Das heißt nicht, daß die Gruppe im Zerfall begriffen wäre, und weiter unten wird sich noch zeigen, daß ich nicht der Auffassung zustimme, in der Panik habe die Gruppe ihren Zusammenhalt eingebüßt.

In der vorliegenden Arbeit will ich Theorien zusammenfassen, zu denen ich gelangt bin, indem ich die von der modernen Psychoanalyse entwickelten Intuitionen in Gruppen anwendete. Diese Theorien unterscheiden sich sowohl in ihren Vorzügen wie in ihren Schwächen von vielen anderen dadurch, daß sie sich aus denjenigen Situationen emotionaler Belastung heraus entwickelt haben, die sie beschreiben sollen. Ich führe einige Begriffe ein, die für die Psychoanalyse neu sind, denn einerseits habe ich es mit einer anderen Materie zu tun; andererseits wollte ich sehen, ob ein Ansatz, der von früheren Theorien nicht belastet ist, vielleicht zu einem Punkte führe, an dem meine Anschauungen von der Gruppe und die psychoanalytische Anschauung vom Individuum sich vergleichen ließen, so daß man beurteilen könnte, ob sie einander ergänzen oder auseinandergehen.

In manchen Augenblicken glaube ich, daß die Gruppe eine Einstellung mir gegenüber hat und daß ich diese Einstellung in Worte fassen kann; in manchen Augenblicken handelt ein anderer so, als glaube auch er, daß die Gruppe eine Einstellung zu ihm hat, und ich glaube erkennen zu können, was er glaubt; in manchen Augenblicken glaube ich, daß die Gruppe einem Individuum gegenüber eine Einstellung hat, von der ich angeben kann, worin sie besteht. Diese Situationen liefern das Rohmaterial, auf dem man Deutungen aufbaut; aber die Deutung selbst ist ein Versuch, in präzise Worte zu fassen, was nach meiner Vermutung die Einstellung der Gruppe zu mir oder zu einem andern Individuum oder welches die Einstellung des Individuums zur Gruppe ist. Ich ziehe nur einen Teil dieser Situationen heran und betrachte eine Situation dann als günstig für eine Deutung, wenn die Deutung zugleich offenkundig und noch nicht vollzogen ist.

Die Gruppen, in denen ich diese Rolle wahrzunehmen versucht habe, machen eine Reihe komplexer emotioneller Episoden durch, aus denen sich Theorien der Gruppendynamik ableiten lassen, die ich zur Aufhellung des momentanen Vorgangs und zur Bloßlegung von Kernen weiterer Entwicklungen nützlich gefunden habe. Diese Theorien fasse ich im folgenden zusammen.

Die Arbeitsgruppe

In jeder Gruppe lassen sich Züge psychischer Aktivität erkennen. Jede Gruppe, auch eine noch so zwanglose, kommt zusammen, um etwas zu „tun". Bei dieser Aktivität kooperieren alle miteinander, je nach den Fähigkeiten der Einzelnen. Diese Kooperation ist freiwillig und hängt davon ab, daß der Einzelne einige mehr oder weniger ausgebildete Fertigkeiten besitzt. Beteiligung an dieser Aktivität ist nur für Individuen mit jahrelanger Übung und einer Erfahrungsfähigkeit möglich, die ihnen eine psychische Entwicklung gestattet hat. Da diese Aktivität sich auf eine Aufgabe richtet, steht sie in Beziehung zur Realität, ihre Methoden sind rational und daher, wenn auch in noch so embryonaler Form, wissenschaftlich. Ihre Merkmale sind denen ähnlich, die Freud (1911) im Ich gesehen hat. Diese Facette der psychischen Aktivität in der Gruppe habe ich die „Arbeitsgruppe" genannt. Der Ausdruck bezeichnet nur eine bestimmte Art psychischer Aktivität, nicht die Menschen, die sich ihr widmen.

Wenn Patienten zu einer Gruppentherapiesitzung zusammenkommen, ist immer zu beobachten, daß ein Teil der psychischen Aktivität auf die Lösung der Probleme gerichtet ist, derentwegen die Einzelnen Hilfe suchen. Hier ein Beispiel für eine Übergangsphase in einer solchen Gruppensitzung:

Sechs Patienten sitzen mit mir in einem kleinen Raum im Kreise. Fräulein A schlägt vor, die Teilnehmer sollten doch übereinkommen, einander mit den Vornamen anzureden [1]. Man spürt eine gewisse Erleichterung, daß ein Thema aufgeworfen worden ist, Blicke werden ausgetauscht, und vorübergehend ist ein Funke künstlicher Lebhaftigkeit zu beobachten. Herr B meint, es sei eine gute Idee, und Herr C sagt, es würde „die Atmosphäre freundschaftlicher machen". Fräulein A wird ermutigt, ihren Vornamen zu verraten; doch ehe sie dazu kommt, sagt Fräulein D, sie könne ihren Vornamen nicht leiden und wolle ihn lieber nicht bekannt werden lassen. Herr E schlägt Decknamen vor. Fräulein F betrachtet ihre Fingernägel. Innerhalb weniger Minuten nach dem Vorschlag von Fräulein A ist die Diskussion erlahmt und von verstohlenen Blicken abgelöst worden, die sich immer häufiger auf mich richten. Herr B rafft sich zu der Feststellung auf, irgendwie müßten wir einander doch anreden. Die Stimmung ist nun eine Mischung aus Angst und wachsender Frustration. Lange ehe mein Name fällt, ist es klar, daß er ins Zentrum der Gedanken

[1] Siehe auch die Ausführungen über das Namen-Tabu in Freuds „Totem und Tabu" (1913), S. 69 ff.

der Gruppe getreten ist. Sich selbst überlassen, scheint die Gruppe in Apathie und Schweigen abgleiten zu wollen.

Im gegenwärtigen Zusammenhang will ich nur diejenigen Aspekte der Episode herausschälen, die meine Verwendung des Ausdrucks „Arbeitsgruppe" anschaulich machen. Es kann durchaus sein, daß ich das auch in der Gruppe selbst tue, doch würde das von meiner Einschätzung der Bedeutung der Episode im Zusammenhang des psychischen Lebens der Gruppe abhängen, soweit es zu diesem Zeitpunkt schon erkennbar geworden ist. Zunächst — wenn sieben Menschen miteinander reden sollen, so würde es natürlich die Diskussion erleichtern, wenn Namen zur Verfügung stünden. Soweit die Diskussion aus dem Bewußtsein dieses Umstandes entstanden ist, ist sie ein Produkt der Arbeitsgruppentätigkeit. Aber die Gruppe hat ja nicht nur einen Schritt vorgeschlagen, der in jeder Gruppe praktisch wäre, ganz gleich, was ihre Aufgabe sein mag. Sie ist noch weiter gegangen und hat den Gebrauch der Vornamen vorgeschlagen, weil das eine freundschaftliche Atmosphäre schaffen würde. Im Falle der Gruppe, von der ich spreche, hätte man mit Recht sagen können, daß man der Meinung war, die Schaffung einer freundschaftlichen Atmosphäre liege durchaus im Sinne therapeutischer Erfordernisse. Desgleichen könnte man sagen, daß zu dem Zeitpunkt in der Geschichte dieser Gruppe, aus dem das Beispiel stammt, sowohl der Einwand von Fräulein D wie der Lösungsvorschlag von Herrn E als von therapeutischen Erfordernissen diktiert anzusehen wären. Ich wies in der Tat darauf hin, daß die Vorschläge zu einer — noch nicht ausdrücklich vorgetragenen — Theorie paßten, wonach unsere Leiden geheilt würden, wenn die Gruppensitzungen sich derart führen ließen, daß nur angenehme Emotionen empfunden würden. Es wird ersichtlich, daß die Demonstration der Arbeitsgruppenfunktion folgende Momente einschließen muß: die Herausbildung eines Denkens, das auf die Umsetzung in Handeln abgestellt ist; die Theorie, auf der es beruht — in diesem Falle das Bedürfnis nach einer freundschaftlichen Atmosphäre; den Glauben, daß eine veränderte Umgebung allein schon zur Heilung genüge, ohne eine entsprechende Veränderung im Individuum; schließlich den Typ von Tatsachen, die für „real" gehalten werden.

In dem genannten Falle konnte ich später zeigen, daß die Arbeitsgruppenfunktion (die ich freilich nicht so nannte) auf Grund der Vorstellung, durch eine Gruppe mit ausschließlich angenehmen Empfindungen sei Heilung zu erreichen, die erhoffte Heilung anscheinend nicht herbeigeführt hatte, ja, daß irgendeine Schwierigkeit die Gruppe sogar daran hinderte, eine begrenzte Umsetzung in die anscheinend doch einfache Handlung der Zuweisung von Namen zu erreichen.

Ehe ich dazu übergehe, das Wesen der Hindernisse für die Arbeitsgruppentätigkeit zu erörtern, möchte ich hier eine Schwierigkeit bei der Darlegung meiner Theorien erwähnen, die gewiß schon bemerkt worden ist. Wenn ich eine Gruppenepisode wie die eben geschilderte darstelle und dann Theorien von ihr abzuleiten versuche, so läuft das nur darauf hinaus, daß ich sage, ich hätte eine Theorie, wonach dies oder jenes sich abgespielt habe, und daß ich es nur noch einmal in anderen Worten sagen kann. Der Leser kann sich nur dadurch aus dem Dilemma helfen, daß er an irgendeine Sitzung oder andere Versammlung zurückdenkt, an der er teilgenommen hat, und sich überlegt, inwieweit er sich an Anhaltspunkte erinnern kann, die auf die Existenz einer Arbeitsgruppenfunktion — wie ich sie nenne — schließen lassen. Er sollte dabei nicht vergessen, daß die konkrete Verfahrensordnung mit dem Vorsitzenden usw. als Material in seine Betrachtung einzubeziehen ist.

Die Grundannahmen

Die Deutungen der Arbeitsgruppentätigkeit lassen vieles ungesagt. Steckt hinter dem Vorschlag, Decknamen zu verwenden, wirklich nur die Absicht, den Erfordernissen der Realität entgegenzukommen? Die verstohlenen Blicke, die angelegentliche Beschäftigung mit der richtigen Anredeform für den Analytiker, die später ganz offenkundig wurde — es wäre zwecklos, das so deuten zu wollen, als hinge es mit der Arbeitsgruppenfunktion zusammen.

Die Arbeitsgruppentätigkeit wird behindert, abgelenkt und manchmal auch gefördert durch gewisse andere psychische Aktivitäten, die ein Attribut miteinander gemein haben: mächtige emotionale Tendenzen. Diese Aktivitäten, die auf den ersten Blick chaotisch wirken, bekommen einen gewissen Zusammenhang, wenn man annimmt, daß sie aus Grundannahmen erwachsen, die der ganzen Gruppe gemein sind. In dem angeführten Beispiel war leicht zu erkennen, daß eine solche gemeinsame Annahme darin bestand, daß man zusammengekommen sei, um von mir irgendeine Behandlung zu empfangen. Aber eine Erkundung dieses Gedankens im Rahmen der Arbeitsgruppenfunktion ergab, daß Vorstellungen bestanden, denen die mit ihnen verbundene Emotion Realität verlieh, die aber nicht einmal mit der recht naiven Erwartung im Einklang standen, der sich die weniger intelligenten Teilnehmer bewußt hingaben. Außerdem zeigten selbst intelligente Einzelne, unter ihnen beispielsweise ein graduierter Naturwissenschaftler, durch ihr Verhalten, daß sie die gleichen Vorstellungen hegten.

Die erste Grundannahme besteht darin, daß die Gruppe zusammengekommen sei, um von einem Führer betreut zu werden, von dem sie Schutz und Nahrung — materielle und geistige — erhält. So ausgedrückt, könnte die erste Grundannahme als eine Wiederholung meiner Bemerkung betrachtet werden, die Gruppenmitglieder nähmen an, „sie seien zusammengekommen, um von mir irgendeine Behandlung zu empfangen" — mit dem einzigen Unterschied, daß die zweite Formulierung metaphorisch eingekleidet wäre. Entscheidend ist jedoch, daß die Grundannahme nur zu verstehen ist, wenn man meine Formulierung wörtlich nimmt, nicht metaphorisch.

Hier eine Darstellung einer therapeutischen Gruppe, in der die Grundannahme der Abhängigkeit, wie ich sie nennen will, wirksam ist.

Anwesend waren drei Frauen und zwei Männer. Die Gruppe hatte bei einer früheren Gelegenheit Anzeichen einer Arbeitsgruppenfunktion gezeigt, die auf die Heilung der Störungen ihrer Mitglieder gerichtet war. Diesmal hätte man annehmen können, daß sie davon verzweifelt Abstand nahmen und sich ganz darauf verließen, ich würde ihre Schwierigkeiten in Ordnung bringen, während sie sich damit begnügten, einzeln Fragen zu stellen, auf die ich Antworten liefern sollte. Eine der Frauen hatte Schokolade mitgebracht und bot ihrer Nachbarin zur Rechten schüchtern ein Stück davon an. Einer der Männer aß ein belegtes Brot. Ein Mann mit philosophischem Examen, der den andern in früheren Sitzungen gesagt hatte, er glaube nicht an Gott und habe keine Religion, saß schweigend da, wie er es oft tat, bis eine der Frauen mit leichter Schärfe bemerkte, er habe gar keine Fragen gestellt. Er entgegnete: „Ich brauche gar nicht zu reden, denn ich weiß, wenn ich nur lange genug herkomme, werden alle meine Fragen beantwortet werden, ohne daß ich etwas zu tun brauche."

Darauf sagte ich, ich sei zu so etwas wie einer Gruppengottheit geworden; die Fragen seien an mich gerichtet, weil man voraussetze, ich wisse die Antworten, ohne mich anstrengen zu müssen; das Essen gehöre zu einer Manipulation der Gruppe, die einer Vorstellung von mir Substanz verleihen solle, die sie gern bewahren wolle; die Antwort des Philosophen lasse zwar erkennen, daß er nicht an die Wirksamkeit des Gebetes glaube, scheine im übrigen aber seinen früheren Aussagen, er glaube nicht an Gott, zu widersprechen.

Als ich zu meiner Deutung ansetzte, war ich nicht nur von ihrer Richtigkeit überzeugt, sondern hatte keinen Zweifel, daß ich auch die andern überzeugen könnte, indem ich ihnen die Masse des Materials vorlegte (das ich in dieser gedruckten Darstellung nur teilweise wiedergeben kann). Kaum hatte ich aber ausgeredet, als ich das Gefühl hatte, irgendeinen

Schnitzer begangen zu haben. Von allen Seiten kamen leere Blicke; das Beweismaterial war verschwunden. Nach einer Weile sah sich der Mann, der sein belegtes Brot aufgegessen, das Papier ordentlich zusammengefaltet und in die Tasche gesteckt hatte, mit leicht hochgezogenen Augenbrauen fragend im Raume um. Eine Frau blickte mich eindringlich an. Eine andere hatte die Hände gefaltet und starrte gedankenvoll zu Boden. Bei mir begann sich das Empfinden zu verfestigen, im Kreise tiefgläubiger Menschen eine Gotteslästerung begangen zu haben. Der zweite der Männer hatte den Ellbogen um die Sessellehne geschlungen und spielte mit den Fingern. Die Frau schluckte schleunigst den letzten Bissen Schokolade hinunter. Ich deutete weiter, daß ich nun ein sehr schlechter Mensch geworden sei, der an der Gruppengottheit zweifle, daß darauf aber ein Anstieg der Angst- und Schuldgefühle gefolgt sei, da die Gruppe es unterlassen habe, sich von der Gottlosigkeit zu distanzieren.

In dieser Darstellung habe ich aus einem Grunde, der hoffentlich später klar wird, meine eigenen Reaktionen während der Gruppensitzung in den Vordergrund gerückt. Es läßt sich mit Recht einwenden, daß Deutungen, deren stärkste Anhaltspunkte nicht in den in der Gruppe beobachteten Fakten liegen, sondern in den subjektiven Reaktionen des Analytikers, sich mit größerer Wahrscheinlichkeit aus der Psychopathologie des Analytikers heraus erklären lassen als aus der Dynamik der Gruppe. Das ist ein berechtigter Einwand, und eine Antwort darauf kann sich nur aus Jahren sorgfältiger Arbeit ergeben, die nicht von einem Analytiker allein geleistet werden kann; aber gerade deshalb will ich die Frage beiseite lassen und nun zu einer These übergehen, die ich im weiteren Verlaufe dieser Schrift vertreten werde.

Diese These besagt, daß in der Gruppenbehandlung viele Deutungen, darunter die wichtigsten, auf Grund der persönlichen Gefühlsrekationen des Analytikers gegeben werden müssen. Ich glaube, diese Reaktionen hängen von der Tatsache ab, daß der Analytiker in der Gruppe sich auf der Empfängerseite des Verhältnisses befindet, das Melanie Klein (1946) als „projektive Identifikation“ bezeichnet hat, und daß dieser Mechanismus in Gruppen eine sehr bedeutende Rolle spielt. Nun scheint mir das Erlebnis der Gegenübertragung eine ganz bestimmte Eigenschaft zu haben, die den Analytiker in die Lage versetzen müßte, zu unterscheiden, wann er Objekt einer projektiven Identifikation ist und wann nicht. Der Analytiker hat das Gefühl, so manipuliert zu werden, daß er eine Rolle — die sehr schwer zu erkennen sein mag — in der Phantasie eines anderen Individuums spielt. Hindern kann ihn daran nur etwas, das ich in der Erinnerung nur als einen zeitweiligen Verlust des Einblicks bezeichnen kann; man steht unter dem Eindruck starker Empfindungen und glaubt zugleich ihre Existenz sei hinreichend durch die objektive Situation gerechtfertigt, ohne daß man auf eine umständliche Erklärung ihrer Ursache zurückgreifen müsse. Vom Analytiker aus gesehen besteht das Erlebnis aus zwei eng miteinander verbundenen Phasen: In der ersten hat man das Gefühl, man habe bestimmt keine richtige Deutung gegeben, ganz gleich was man im übrigen getan haben mag; in der zweiten hat man das Empfinden, eine ganz besondere Person in einer ganz besonderen emotionalen Situation zu sein. Ich glaube, das hauptsächliche Erfordernis für den Analytiker in der Gruppe ist die Fähigkeit, das betäubende Gefühl der Realität von sich abzuschütteln, das eine Begleiterscheinung dieses Zustandes ist. Ist er dazu in in der Lage, so kann er die Deutung geben, die ich als richtig ansehen würde, und dadurch ihren Zusammenhang mit der früheren Deutung sehen, an deren Gültigkeit ihm Zweifel gekommen sind.

Ich muß nun auf die zweite Grundannahme eingehen. Sie betrifft, ebenso wie die erste, den Zweck, zu dem die Gruppe zusammengekommen ist. Ich wurde auf sie zuerst aufmerksam in einer Sitzung, in der ein Mann und eine Frau das Gespräch allein bestritten und sich um die übrige Gruppe kaum zu kümmern schienen. Die andern tauschten hin und wieder Blicke aus, aus denen der Gedanke zu sprechen schien, es handle sich um eine Liebesbeziehung; aber ganz ernst meinte das niemand, und der äußere Inhalt des Gespräches unterschied sich kaum wesentlich von andern Gesprächen in der Gruppe. Eines jedoch fiel mir auf: Sonst reagierten die Einzelnen empfindlich auf jeden Ausschluß von der als therapeutisch geltenden Aktivität, was zu diesem Zeitpunkt bedeutete, daß man redete und von mir oder einem andern Gruppenangehörigen eine „Deutung“ erhielt. Nun aber schien es ihnen nichts auszumachen, daß dieses Paar allein im Mittelpunkt stand. Später wurde klar, daß die Geschlechtszugehörigkeit der beiden keine besondere Bedeutung für die allgemeine Annahme hatte, hier sei Paarbildung im Gange. Diese Sitzungen hatten einen eigentümlich hoffnungsvollen, gespannten Charakter, mit dem sie sich von den üblichen Stunden der Langeweile und Frustration unterschieden.

Man darf nicht annehmen, die Elemente, die ich hier unter der Bezeichnung „Paarbildung“ herausstelle, träten ausschließlich oder auch nur überwiegend auf. Vielmehr erlebt man allerlei Beispiele von Bewußtseinszuständen der Art, die uns in der Psychoanalyse wohlbekannt sind. Es wäre ja auch verwunderlich, um nur ein Beispiel zu nehmen, wenn man bei den Individuen nicht Anzeichen der Reaktion auf eine Gruppensituation sähe, die einem Ausagieren der Urszene nahekommen könnte.

Aber wenn man sich durch diese Reaktionen ablenken läßt, so erschwert man sich meiner Ansicht nach die Beobachtung dessen, was eben nur in der Gruppe zu beobachten ist. Überdies kann die Konzentration auf solche Erscheinungen im schlimmsten Falle zu einer verwässerten Psychoanalyse führen, anstatt zur Erkundung therapeutischer Möglichkeiten in der Gruppe. Der Leser muß also voraussetzen, daß in dieser ebenso wie in anderen Situationen stets eine Fülle von Material vorhanden ist, das man aus der Psychoanalyse kennt, das aber in der Situation der Gruppe noch auf Auswertung wartet. Doch im Augenblick möchte ich dieses Material beiseite lassen und mich nun einer Betrachtung jener Atmosphäre hoffnungsvoller Erwartung zuwenden, die ich als ein Merkmal der Paarbildungsgruppe erwähnt habe.

Sprachlichen Ausdruck findet sie gewöhnlich in Gedanken wie diesen: daß die Ehe neurotischen Schwierigkeiten ein Ende machen würde; daß die Gruppentherapie, wenn sie einmal genügend Verbreitung gefunden habe, die Gesellschaft revolutionieren werde; daß die bevorstehende Jahreszeit — sei es nun Frühling, Sommer, Herbst oder Winter — angenehmer sein werde; daß man eine Gemeinschaft neuer Art — eine verbesserte Gruppe — herausbilden solle und dergleichen mehr. Oft lenken solche Äußerungen die Aufmerksamkeit auf einen angeblich zukünftigen Vorgang ab; aber für den Analytiker geht es nicht um einen zukünftigen Vorgang, sondern um die unmittelbare Gegenwart — das Gefühl der Hoffnung als solches. Dieses Gefühl ist charakteristisch für die Paarbildungsgruppe und muß allein schon als Anzeichen dafür aufgefaßt werden, daß man es mit der Paarbildungsgruppe zu tun hat, selbst wenn andere Anzeichen zu fehlen scheinen. Es ist selbst sowohl Vorläufer wie auch Bestandteil der Sexualität. Die optimistischen Gedanken, die in Worten geäußert werden, sind Rationalisierungen, die den Zweck haben, eine zeitliche Verschiebung und einen Kompromiß mit Schuldgefühlen herbeizuführen — die Freude an dem Gefühl wird gerechtfertigt durch Berufung auf ein Ergebnis, das als moralisch einwandfrei gilt. Die so in der Paarbildungsgruppe miteinander verknüpften Gefühle sind das diametrale Gegenteil von Haß, Destruktivität und Verzweiflung.

Damit diese Gefühle der Hoffnung sich aufrechterhalten lassen, muß der Führer dieser Gruppe — im Gegensatz zum Führer der abhängigen Gruppe und der Kampf-Flucht-Gruppe — noch ungeboren sein. Es ist ein Mensch oder ein Gedanke, der die Gruppe eines Tages retten wird — und zwar vor den Haß-, Destruktivitäts- und Verzweiflungsgefühlen der eigenen oder einer andern Gruppe. Aber damit dies geschehen kann, darf die Messias-Hoffnung selbstverständlich nie erfüllt werden. Die Hoffnung dauert nur, indem sie Hoffnung bleibt. Die Schwierigkeit ist, daß die Gruppe — dank der Rationalisierung ihrer aufdämmernden Sexualität, der Vorahnung des Geschlechtes, die sich als Hoffnung aufdrängt — die Neigung hat, sich im Sinne der Erzeugung eines Messias beeinflussen zu lassen, sei es ein Mensch, eine Idee oder eine Utopie. In dem Maße, in dem ihr das gelingt, wird die Hoffnung geschwächt; denn dann gibt es nichts mehr zu hoffen, und da Destruktivität, Haß und Verzweiflung keinerlei radikale Veränderung erlitten haben, macht ihre Existenz sich von neuem fühlbar. Dies wiederum beschleunigt eine weitere Schwächung der Hoffnung. Wenn wir als Hypothese annehmen, es gelte, die Gruppe so zu lenken, daß die Hoffnung erhalten bleibt, so müssen diejenigen, die sich dieser Aufgabe widmen, entweder in ihrer Eigenschaft als Angehörige einer spezialisierten Arbeitsgruppe, wie ich sie weiter unten darstellen werde, oder als Einzelne dafür sorgen, daß Messias-Hoffnungen sich nicht erfüllen. Die Gefahr dabei ist natürlich entweder die, daß solche spezialisierten Arbeitsgruppen im Übereifer die unschädliche und schöpferische Arbeitsgruppenfunktion beeinträchtigen, oder aber, daß sie von der Entwicklung überholt und vor die peinliche Notwendigkeit gestellt werden, den Messias liquidieren und anschließend die Messias-Hoffnung neu schaffen zu müssen. In der therapeutischen Gruppe besteht das Problem darin, die Gruppe zur bewußten Wahrnehmung der Hoffnung und der damit zusammenhängenden Gefühle und gleichzeitig zum Standhaltenkönnen gegen sie zu befähigen. Daß die Gruppe als Paarbildungsgruppe diesen Gefühlen standhalten kann, das ist eine Funktion der Grundannahme und nicht als Anzeichen individueller Entwicklung zu werten.

Die dritte Grundannahme besagt, daß die Gruppe sich zusammengefunden habe, um gegen etwas zu kämpfen oder davor zu fliehen. Zu beidem ist sie unterschiedslos bereit. Ich nenne diesen Bewußtseinszustand „Kampf-Flucht-Gruppe“. Der anerkannte Führer einer Gruppe in diesem Zustand muß Ansprüche an die Gruppe stellen, die ihr die Möglichkeit zur Flucht oder zur Aggression bieten. Stellt er Ansprüche, bei denen das nicht der Fall ist, so wird er ignoriert. In einer therapeutischen Gruppe ist der Analytiker der Führer der Arbeitsgruppe. Der emotionelle Rückhalt, auf den er sich stützen kann, unterliegt Schwankungen je nach der aktiven Grundannahme und dem Ausmaß, in dem seine Handlungsweise den Anforderungen an einen Führer in diesen unterschiedlichen Bewußtseinszuständen zu entsprechen scheint. In der Kampf-Flucht-Gruppe findet der Analytiker seine Versuche zur Aufhellung der Vorgänge durch die Mühelosigkeit behindert, mit der sich emotionelle Unterstützung für Vorschläge mobilisieren läßt, die entweder Haß auf alle psychologischen Schwierigkeiten ausdrücken oder aber Mittel zu ihrer Umgehung darstellen. In diesem Zusammenhang möchte ich an das erste der angeführten Beispiele erinnern, wo es um die Anrede mit Vornamen ging. Dieser Vorschlag hätte sich durchaus als ein Ausdruck des Fluchtwunsches in einer Kampf-Flucht-Gruppe deuten lassen; tatsächlich jedoch deutete ich ihn aus Gründen, die mit dem von der Gruppe erreichten Entwicklungsstadium zusammenhängen, als Arbeitsgruppenfunktion.

Das Gemeinsame der Grundannahmen

Die Beteiligung am Handeln nach einer Grundannahme erfordert keine Ausbildung, Erfahrung oder psychische Entwicklung. Sie ist sofort da, automatisch und triebhaft — ich habe keine Notwendigkeit verspürt, die Existenz eines Herdentriebes zu postulieren, um Phänomene zu erklären, wie ich sie in der Gruppe erlebt habe[2]. Im Gegensatz zur Arbeitsgruppenfunktion verlangt das Handeln nach einer Grundannahme vom Einzelnen keine Fähigkeit zur Kooperation; aber es hängt davon ab, daß der Einzelne „Valenz" besitzt — ich entlehne diesen Terminus aus der Chemie und bezeichne damit die Fähigkeit zur sofortigen, unwillkürlichen Verbindung eines Individuums mit einem andern, um eine Grundannahme mit ihm zu teilen und danach zu handeln. Die Arbeitsgruppenfunktion tritt stets bei einer — und nur einer einzigen — Grundannahme auf. Auch wenn die Arbeitsgruppenfunktion unverändert bleibt, kann die gleichzeitige Grundannahme, die ihr Handeln durchzieht, häufig wechseln — zwei- oder dreimal in einer Stunde; doch kann dieselbe Grundannahme auch monatelang die Oberhand behalten.

Zur Erklärung des Schicksals der inaktiven Grundannahmen habe ich außerhalb des Feldes, das die psychologische Forschung normalerweise für lohnend erachtet, die Existenz eines protomentalen Systems postuliert, in dem physische und psychische Aktivität ununterschieden sind. Man darf nicht übersehen, daß die Frage, ob ein bestimmter Bereich zur psychologischen Untersuchung geeignet ist, noch von andern Faktoren als nur der Beschaffenheit des zu untersuchenden Bereiches abhängt; einer dieser Faktoren ist die Wirksamkeit der psychologischen Untersuchungstechnik. Die Entdeckung eines Bereiches der psychosomatischen Medizin macht die Schwierigkeit anschaulich, auf die man bei jedem Versuch zur Bestimmung der Trennungslinie zwischen psychischen und physischen Phäno-

---

[2] Im Gegensatz zu W. Trotter (1916), aber in Übereinstimmung mit Freud (1921, S. 74).

menen stößt. Ich verzichte deshalb auf eine Grenzziehung zwischen der aktiven Grundannahme und denjenigen, die ich in das hypothetische protomentale System verwiesen habe.

Es gibt viele Techniken zur Untersuchung der Arbeitsgruppenfunktion, die täglich angewandt werden. Für die Untersuchung von Grundannahme-Phänomenen halte ich die Psychoanalyse oder eine direkt aus ihr entwickelte Technik für unentbehrlich. Aber da Arbeitsgruppenfunktionen stets von Grundannahme-Phänomenen durchdrungen sind, ist es klar, daß Techniken, die sich um diese nicht kümmern, ein schiefes Bild von jenen geben müssen.

Affekte, die mit Grundannahmen zusammenhängen, lassen sich mit den üblichen Ausdrücken bezeichnen: Angst, Furcht, Haß, Liebe usw. Aber die Affekte, die allen Grundannahmen gemein sind, werden in subtiler Weise voneinander beeinflußt, als handelte es sich um eine bestimmte Gefühlskombination, die für die aktive Grundannahme eigentümlich wäre. Das heißt: Angst in der abhängigen Gruppe hat einen anderen Charakter als Angst in der Paarbildungsgruppe, und das gilt entsprechend für andere Gefühle.

Zu allen Grundannahmen gehört die Existenz eines Führers, der allerdings in der Paarbildungsgruppe „nicht existent", nämlich ungeboren ist. Dieser Führer braucht kein Individuum aus der Gruppe zu sein, er braucht überhaupt kein Mensch zu sein, sondern auch eine Idee oder ein lebloser Gegenstand kann seine Rolle spielen. In der abhängigen Gruppe kann die Geschichte der Gruppe die Stelle des Führers einnehmen. Eine Gruppe kann aus Unzufriedenheit über ihre Unfähigkeit, sich an das Geschehen bei früheren Zusammenkünften zu erinnern, beschließen, ein Protokoll von ihren Zusammenkünften anzulegen. Dieses Protokoll wird dann zu einer „Bibel", die angerufen wird, wenn zum Beispiel der Einzelne, den die Gruppe mit der Führung betraut hat, sich als nicht willig oder nicht geeignet erweist, das rechte Profil des Anführers der abhängigen Gruppe anzunehmen. Auf die Schaffung einer Bibel verfällt die Gruppe, wenn sie sich von einer Idee bedroht sieht, deren Anerkennung für die einzelnen Mitglieder der Gruppe Entwicklung mit sich bringen würde. Solche Ideen erlangen emotionelle Kraft — und erregen emotionellen Widerstand — auf Grund ihrer Verwandtschaft mit den Merkmalen, die man vom Führer der Paarbildungsgruppe erwartet. Wenn Abhängigkeit oder Kampf-Flucht aktiv sind, findet ein Kampf zur Unterdrückung der neuen Idee statt, weil das Auftreten der neuen Idee als Bedrohung für den Status quo empfunden wird. Im Kriege gilt die neue Idee — sei es ein Panzerwagen oder eine neue Methode der Offiziersauslese — als „neumodisch", d. h. als im Gegensatz zur militärischen

Bibel stehend. In der abhängigen Gruppe wird sie als Bedrohung für den Führer empfunden, ob nun der Führer eine „Bibel“ ist oder ein Mensch. Aber das gleiche gilt auch für die Paarbildungsgruppe, denn hier muß, wie schon gesagt, die neue Idee oder Person, die mit dem ungeborenen Genie oder dem Messias gleichgesetzt wird, ungeboren bleiben, um die Funktion der Paarbildungsgruppe erfüllen zu können.

Abweichende Formen des Wechsels zwischen zwei Grundannahmen

Ein Wechsel in der Mentalität der Gruppe braucht nicht durch die Verschiebung von einer Grundannahme zu einer anderen verursacht zu sein; er kann gewisse Sonderformen annehmen, die davon abhängen, welche Grundannahme gerade aktiv ist, wenn die Spannung zunimmt. Bei diesen Sonderformen ist immer eine außenstehende Gruppe im Spiele. Nehmen wir an, die abhängige Gruppe sei aktiv und werde durch Druck von seiten der Führung der Paarbildungsgruppe bedroht, besonders vielleicht wenn eine mit Messias-Hoffnungen durchsetzte Idee diese Führungsrolle spielt. Wenn nun Methoden wie die Schaffung einer Bibel sich als unzureichend erweisen, so wird der Bedrohung dadurch begegnet, daß man den Anschluß einer andern Gruppe provoziert. Ist die Kampf-Flucht-Gruppe aktiv, so besteht die Tendenz zur Einverleibung einer anderen Gruppe. Ist die Paarbildungsgruppe aktiv, so besteht die Tendenz zur Aufspaltung. Die letztgenannte Reaktion mag anomal scheinen, wenn man nicht bedenkt, daß in der Paarbildungsgruppe die Messias-Hoffnung, ob es sich dabei nun um einen Menschen oder um eine Idee handelt, unerfüllt bleiben muß. Das Problem hierbei liegt in der Bedrohung durch die neue Idee, die Entwicklung verlangt, während Grundannahmen-Gruppen keine Entwicklung zu dulden vermögen. Die Gründe hierfür werde ich später auseinandersetzen.

Die spezialisierte Arbeitsgruppe

Es gibt gewisse spezialisierte Arbeitsgruppen, auf die Freud (1921, S. 101 f.) aufmerksam gemacht hat, wenn auch nicht unter dieser Bezeichnung. Ihre Aufgabe ist besonders geeignet, eine bestimmte Grundannahme zur Aktivität anzuregen. Typische Gruppen dieser Art sind Kirche und Militär. Eine Kirche ist für störende Einwirkung von Phänomenen der abhängigen Gruppe anfällig, und das Militär leidet an einer ähnlichen Anfälligkeit für die Phänomene der Kampf-Flucht-Gruppe. Aber noch eine weitere Möglichkeit ist in Betracht zu ziehen, nämlich daß diese Gruppen aus der Hauptgruppe, der sie angehören, hervorgetrieben werden, und zwar eigens zu dem Zwecke, die abhängige Gruppe bzw. die Kampf-Flucht-Gruppe zu neutralisieren, damit sie nicht die Arbeitsgruppenfunktion der Hauptgruppe behindern.

Wenn wir uns diese letzte Hypothese zu eigen machen, muß es als ein Versagen der spezialisierten Arbeitsgruppe betrachtet werden, wenn die Aktivität von Abhängigkeit oder Kampf-Flucht entweder in der spezialisierten Arbeitsgruppe nicht mehr in Erscheinung tritt oder aber zu überwältigender Stärke anschwillt. Das Resultat ist in beiden Fällen das gleiche: Die Hauptgruppe muß die Funktionen übernehmen, die der spezialisierten Arbeitsgruppe zukommen, und muß dennoch ihre Arbeitsgruppenfunktionen erfüllen. Kann die spezialisierte Arbeitsgruppe mit der Grundannahme, die ihr Gebiet ist, nicht fertigwerden oder will sie es nicht, so durchkreuzt der Druck dieser Grundannahme die Arbeitsgruppenfunktionen der Hauptgruppe. Da eine Arbeitsgruppenfunktion im wesentlichen darin besteht, Gedanken und Gefühle in realitätsgerechtes Verhalten umzusetzen, ist sie wenig darauf eingerichtet, Grundannahmen auszudrücken; denn Grundannahmen werden in dem Maße gefährlich, in dem versucht wird, sie in Handeln umzusetzen. Die spezialisierte Arbeitsgruppe erkennt dies auch für gewöhnlich und zeigt es, indem sie den umgekehrten Prozeß auszuführen versucht, nämlich Handeln in die Mentalität einer Grundannahme umzusetzen — ein sehr viel sichereres Verfahren. So wird eine Kirche, wenn ihr irgendein bedeutender Erfolg der Arbeitsgruppenfunktion zuteil wird, die Gruppe auffordern, ihrer Gottheit dafür zu danken — nicht ihrer Fähigkeit zu tüchtiger realistischer Arbeit: *„non nobis, Domine“*. Eine starke, blühende Kirche muß im Interesse der Erleichterung der Arbeitsgruppenfunktion den religiösen Glauben stärken — und gleichzeitig betonen, daß nie danach gehandelt werden darf; die erfolgreiche Armee muß den Glauben fördern, daß sich mit Gewalt alles machen läßt — vorausgesetzt, sie wird nie angewendet. In beiden Fällen kommt es darauf hinaus: Die Mentalität einer Grundannahme eignet sich nicht zur Umsetzung ins Handeln, denn Handeln erfordert eine Arbeitsgruppenfunktion, die den Kontakt mit der Realität bewahrt.

In der kleinen therapeutischen Gruppe besteht während der Aktivität der abhängigen Gruppe die Neigung, eine Untergruppe hervorzubringen, die dann die Funktion übernimmt, den Führer der abhängigen Gruppe, der gewöhnlich in dem Analytiker personifiziert ist, zu interpretieren. In der Kampf-Flucht-Gruppe erfüllt eine ähnliche Untergruppe eine ähnliche Funktion. Erweist der Analytiker sich als widerspenstig, so kann er Reaktionen hervorrufen, die mit der Bedrohung durch die neue Idee zusammenhängen.

Oben (S. 100) habe ich erwähnt, daß eine Aristokratie diejenige spezialisierte Arbeitsgruppe darstellen kann, die für die Paarbildungsgruppe ähnliche Funktionen erfüllt wie eine Kirche für die abhängige Gruppe und das Militär für die Kampf-Flucht-Gruppe. Diese Untergruppe hat die Funktion, ein Ventil für Gefühle zu bieten, die sich um Vorstellungen von Abstammung und Geburt drehen, also für eine Messias-Hoffnung, die ein Vorstadium der sexuellen Begierde ist, ohne jemals die Furcht zu erregen, solche Gefühle könnten zu einem Ereignis führen, das Entwicklung verlangt. Die Aristokratie muß Messias-Hoffnungen einflößen, aber zugleich die Zuversicht, daß der Anführer der Paarbildungsgruppe, falls er in Fleisch und Blut auftritt, in einem Palast geboren wird, aber doch nicht anders ist als wir — „demokratisch" ist wohl das moderne Schlagwort für die gewünschte Eigenschaft. In der therapeutischen Gruppe hilft die „aristokratische" Untergruppe gewöhnlich der Gruppe, zu verstehen, daß es sich bei der neuen Idee um etwas handelt, das den Teilnehmern schon durchaus vertraut ist.

Grundannahmen, Zeit, Entwicklung

Auf zwei Merkmale der Grundannahmenmentalität möchte ich hinweisen. Die Zeit hat nichts damit zu tun; sie ist eine Dimension psychischer Aktivität, die nicht erkannt wird; folglich werden alle Tätigkeiten, die ein Zeitbewußtsein erfordern, unvollkommen verstanden und können Verfolgungsgefühle hervorrufen. Deutungen von Tätigkeiten auf der Ebene der Grundannahmen legen ein gestörtes Verhältnis zur Zeit bloß.

Das zweite Merkmal, das ich schon früher erwähnt habe, ist das Fehlen jeglichen Entwicklungsprozesses innerhalb einer Grundannahmenmentalität. Anreize zur Entwicklung stoßen auf Feindseligkeit. Man wird sich darüber im klaren sein, daß dies ein bedeutsamer Umstand in einer Gruppe ist, die es als ihren Zweck betrachtet, durch Untersuchung der Gruppe eine therapeutische Entwicklung von Einsicht zu fördern. Die auf diese Weise entfachte Feindseligkeit hat die Tendenz, zu bewirken, daß die Reaktion auf die Herausbildung der Messias-Gestalt oder Messias-Idee eine abweichende Form annimmt, statt sich im zyklischen Wechsel von einer Grundannahme zur andern zu erschöpfen. Wenn nämlich eine Gruppe Entwicklung verhindern will, so kann sie das am einfachsten erreichen, indem sie sich von der Grundannahme überwältigen läßt und auf diese Weise der einzigen Art psychischen Lebens nahekommt, in dem keine Entwicklungsfähigkeit erforderlich ist. Die wichtigste Entschädigung für eine solche Veränderung ist anscheinend die Erhöhung eines angenehmen Vitalitätsgefühls.

Was für eine Abwehr gegen die mit Entwicklung drohende Idee die Spaltung bietet, kann man in der Wirksamkeit der sich abspaltenden Gruppen sehen, die vorgeblich dagegen eingestellt sind, tatsächlich aber dem gleichen Zwecke dienen. Eine Gruppe bekennt sich zur Abhängigkeit, die oft auf eine „Gruppen-Bibel“ gerichtet ist. Diese Gruppe popularisiert die anerkannten Ideen, indem sie sie jeder Eigenschaft entkleidet, die schmerzhafte Anstrengung erfordern könnte, und sichert sich damit eine zahlreiche Anhängerschaft unter denen, die Entwicklungsschmerzen ablehnen. Damit wird das Denken auf einer platten und dogmatischen Ebene stabilisiert. Die entgegengesetzte Gruppe, die angeblich für die neue Idee eintritt, wird so anspruchsvoll, daß sie keine neuen Anhänger mehr rekrutieren kann. Auf diese Weise weichen beide Gruppen der schmerzhaften Konfrontation des Primitiven mit dem Differenzierteren aus, die das Wesen des Entwicklungskonfliktes ausmacht. Die oberflächlichen, aber zahlreichen Spalter stehen damit im Gegensatz zu den tiefgründigen, aber zahlenmäßig schwachen Spaltern. Das Resultat erinnert an die manchmal ausgesprochene Befürchtung, daß eine Gesellschaft sich durch ihre am wenigsten entwickelten Mitglieder üppig fortpflanzt, während die „Besten“ hartnäckig steril bleiben.

Das Verhältnis der Grundannahmen zueinander

Wir können nun die drei Grundannahmen und die Arbeitsgruppe von neuem betrachten, um zu sehen, ob sie sich nicht auf einer grundsätzlicheren Ebene bestimmen lassen. Das Postulat der Grundannahmen trägt zwar dazu bei, dem vielschichtigen und chaotischen Zustand, den die Gruppe dem untersuchenden Teilnehmer darbietet, Form und Bedeutung zu geben; aber bis jetzt liegt noch keine plausible Erklärung dafür vor, warum solche Grundannahmen existieren sollten. Es ist klar, daß keine der drei Grundannahmen die Furcht vor der Gruppe und ihren Affekten in befriedigendem Maße beschwichtigt, denn sonst gäbe es ja nicht die Veränderungen und Übergänge von der einen zur andern, gäbe es auch keine Notwendigkeit zu der angedeuteten Bildung der entsprechenden spezialisierten Arbeitsgruppen.

In allen drei Grundannahmen ist die Vorstellung von einem Führer enthalten. Der Kampf-Flucht-Gruppe fehlt völlig die Fähigkeit, Verstehen als Methode zu begreifen. Alle drei sind gegen Entwicklung, die ihrereits vom Verstehen abhängt. Die Arbeitsgruppe jedoch erkennt sowohl die Notwendigkeit des Verstehens wie die der Entwicklung. Wenn wir die spezialisierten Arbeitsgruppen betrachten, so haben es alle drei mit Dingen zu tun, die außerhalb des Bereiches ihrer jeweiligen Grundannahme liegen. So ist die spezialisierte Arbeitsgruppe der abhängigen Gruppe nicht frei von der Beschäftigung mit Messias-Ideen, die eher im Wirkungsfeld der Paarbildungsgruppe zu liegen scheinen. Ziel der Bemühungen scheint hier ein Messias zu sein, der auf einem Schilflager oder in einer Krippe als uneheliches Kind eines hochgestellten Elternteils — der Pharao-Tochter oder der Gottheit — und eines nicht so hochgestellten geboren wird. In der Paarbildungsgruppe läßt die aristokratische Untergruppe hochgestellte Eltern, eheliche Geburt und eine Wiege in Schloßpracht zu, aber das Kind zeichnet sich dadurch aus, daß es genauso ist wie wir alle. Genauere Betrachtung der Fakten läßt eine zentrale Schwierigkeit erkennen: die Verknüpfung von Geschlechtsliebe, gleichgestellten Eltern, einem Kinde unserer eigenen Art, der Messias-Hoffnung, in der ich einen wesentlichen Bestandteil der Geschlechtsliebe sehe, und eines Dranges zur Entwicklung, der seinerseits eine Fähigkeit zum Verstehen erfordert. Die Kampf-Flucht-Gruppe verrät ein Gefühl der Unfähigkeit zum Verstehen und zu der Liebe, ohne die es kein Verstehen gibt. Aber der Führer der Kampf-Flucht-Gruppe bringt eine der gefürchteten Komponenten wieder ins Blickfeld — etwas, das entweder dem gefürchteten Vater oder dem Kinde ähnelt.

Überdies scheint jede der drei Grundannahmen-Gruppen ihrerseits eine Ansammlung von Einzelpersonen zu sein, die unter sich die Merkmale einer bestimmten Figur in der ödipalen Situation verteilen — Merkmale, die von der gerade aktiven Grundannahme abhängen. Die Parallele mit den Figuren in der ödipalen Situation ist jedoch mit bedeutsamen Abweichungen behaftet. Das Verhältnis scheint ein Verhältnis zwischen dem Individuum und der Gruppe zu sein. Aber die Gruppe wird als ein einziges, doch fragmentiertes Individuum empfunden, hinter dem ein zweites verborgen steht: ein Führer. Dies scheint allerdings der oft wiederholten Bemerkung zu widersprechen, der Analytiker sei der Führer; aber der Widerspruch löst sich auf, wenn man daran denkt, daß in der therapeutischen Gruppe der Analytiker der Führer der Arbeitsgruppe ist, und wenn man die zahlreichen Anzeichen dafür beachtet, daß er zwar für den Führer gehalten, aber anscheinend nur selten als tatsächlich führend wahrgenommen wird. Ich habe es häufig erlebt, daß man mir vorhielt, ich beteiligte mich nicht an der Tätigkeit der Gruppe und gäbe ihr keine Gelegenheit, meine Ansichten kennenzulernen — und dies, obwohl ich wahrscheinlich mehr rede als jeder andere. Die Hauptsache ist hier, wie immer in einer Gruppe, das Gefühl, das die ausgesprochene Idee begleitet, und — um es noch einmal zu betonen — es handelt sich darum, daß ich zwar für den Führer gehalten, aber nicht als solcher wahrgenommen werde.

Auf der affektiven Ebene, wo Grundannahmen die Herrschaft haben, lassen sich, wie schon angedeutet, im Material ödipale Gestalten erkennen, genauso wie bei einer Psychoanalyse. Aber zu ihnen gehört auch eine Figur des Ödipus-Mythos, von der noch nicht viel die Rede gewesen ist: nämlich die Sphinx. Soweit ich als tonangebend für die Arbeitsgruppenfunktion betrachtet werde, wie es fast immer der Fall ist, knüpft man an mich und an die mit mir verbundene Arbeitsgruppenfunktion Gefühle, die sehr gut zu der rätselhaften, fragenden, in sich versunkenen, unheilbringenden Sphinx passen würden. Zuweilen, wenn mein Eingreifen besonders starke Angstgefühle ausgelöst hat, werden sogar Ausdrücke verwendet, die kaum der Deutung bedürfen, damit die Gruppe die Ähnlichkeit erfaßt. Kein Erlebnis zeigt deutlicher als das Gruppenerlebnis die Angst, mit der eine fragende Haltung betrachtet wird. Diese Angst richtet sich nicht nur auf den Fragesteller, sondern auch auf den Gegenstand der Frage, von dem sie, wie ich vermute, abhängig ist. Denn die Gruppe selbst, die ja der Gegenstand der Frage ist, erregt Befürchtungen äußerst primitiver Art. Mein Eindruck ist, daß die Gruppe in den Köpfen der Individuen, aus denen sie sich zusammensetzt, ganz frühen Phantasien über den Inhalt des Mutterleibes nur allzu nahesteht[3]. Der Versuch, eine rationale Untersuchung der Dynamik der Gruppe anzustellen, wird daher durch Befürchtungen — und zu ihrer Überwindung bestimmte Mechanismen — gestört, die für die paranoid-schizoide Position charakteristisch sind. Die Untersuchung kann nicht ausgeführt werden, ohne diese Ebenen zu stimulieren und zu aktivieren.

Jetzt sind wir besser auf die Frage vorbereitet, ob sich die Grundannahmen auf einer tieferliegenden Ebene bestimmen lassen. Ich habe schon darauf hingewiesen, daß diese drei Zustände untereinander Ähnlichkeiten aufweisen, die mich zu der Vermutung führen, daß sie vielleicht keine primären Phänomene sind, sondern vielmehr Ausdrucksformen eines Zustandes, der eher als primär betrachtet zu werden verdient, oder Reaktionen gegen einen solchen Zustand. Ich habe zwar in der Hypothese von den Grundannahmen ein wertvolles Hilfsmittel gefunden, mit dem man Ordnung in das Chaos des Materials bei einer Gruppensitzung bringen kann; aber es wird doch bald klar, daß eine

---

[3] Melanie Klein.

weitere Untersuchung neue Hypothesen erfordert. Das Bedürfnis und auch der Weg zu der Hypothese, mit der es sich befriedigen ließe — beide wurden mir klar, als ich überlegte, was wohl den Wechsel von einer Grundannahme zur andern auslösen könne. Ich beziehe in diese Darstellung die schon behandelten abweichenden Formen ein.

Um es kurz zu sagen: Ganz gleich, welche Grundannahme aktiv ist, die Untersuchung ergibt, daß die Elemente in der emotionellen Situation so eng mit frühen Angstphantasien verbunden sind, daß die Gruppe, wenn der Druck der Angst zu groß wird, zu einer Abwehrreaktion gezwungen ist. Auf dieser primitiven Stufe offenbaren die Grundannahmen einen anderen Aspekt als in meinen früheren Beschreibungen. Jetzt kann man sehen, daß der Impuls zur Paarbildung eine Komponente enthält, die aus der psychotischen Angst stammt, die mit primitiven ödipalen Konflikten auf der Grundlage der Beziehungen zu Teilobjekten verknüpft ist. Diese Angst treibt die Einzelnen, sich Verbündete zu suchen. Dieser Ursprung des Impulses zur Paarbildung wird durch die rational wirkende Erklärung in der Paarbildungsgruppe verschleiert, das Motiv sei sexuell und das Ziel die Fortpflanzung.

Aber wenn die Paarbildungsgruppe aktiv ist, stellen wir wiederum fest, daß viele ihrer Komponenten primitiven Teilobjekten zu nahestehen, um der Identifikation mit ihnen zu entgehen. Es ist also nur eine Frage der Zeit, wann psychotische Angst von solcher Stärke entsteht, daß eine neue Abwehr gefunden werden muß. Nehmen wir an, diese fände sich in der Form der Kampf-Flucht-Gruppe, d. h. der Auslösung von Haß, der sich entweder in zerstörerischen Angriffen gegen einen vermeintlichen Feind oder in der Flucht vor dem verhaßten Objekt entlädt. Die Gleichgültigkeit der Gruppe gegen den Einzelnen und mehr noch ihre Unfähigkeit, auf diese Weise aus der primitiven Urszene zu entkommen, lösen wiederum Angst aus und damit das Bedürfnis nach einem abermaligen Wechsel der Grundannahme.

Man wird aus dieser Darstellung ersehen, daß die Grundannahmen sich nun als sekundäre Formationen einer äußerst frühen Urszene herausstellen, die auf der Ebene der Beziehungen zu Teilobjekten auftreten und verbunden sind mit psychotischer Angst und Mechanismen der Abspaltung und der projektiven Identifikation, wie sie Melanie Klein als charakteristisch für die paranoid-schizoide und die depressive Position dargestellt hat. Introjektion und Projektion der Gruppe[4] — die bald der gefürchtete Untersuchungsleiter ist und bald das gefürchtete Objekt der Untersuchung — gehören als wesentlicher Bestandteil zum Bilde hinzu und

[4] Wie dies in der Psychoanalyse erscheint, beschreibt Paula Heimann (1952 a).

tragen dazu bei, die Verwirrung zu steigern, sofern sie nicht als sehr aktiv erkannt werden.

Die klassische Anschauung von der Urszene geht nicht weit genug, um die Dynamik der Gruppe zu behandeln. Ich muß betonen, daß ich es für wesentlich halte, die primitive Urszene, wie sie sich in der Gruppe erschließt, sehr gründlich auszuführen. Sie unterscheidet sich insofern beträchtlich vom klassischen Bilde der Urszene, als sie viel bizarrer ist und anzunehmen scheint, daß ein Teil eines Elternteils, die Brust oder der Mutterleib, neben anderen Objekten auch einen Teil des Vaters enthält. Melanie Klein gibt in ihrer Arbeit über frühe Stadien des Ödipus-Konfliktes (1928, auch 1945) eine Darstellung dieser Phantasien, wie sie sie bei der Einzelanalyse entdeckt hat (siehe Paula Heimann, 1952 b). Die Erfahrung mit Gruppen, so scheint mir, liefert reichhaltiges Material zur Bekräftigung der Auffassung, daß diese Phantasien von überragender Bedeutung für die Gruppe sind[5]. Je stärker die Gruppe gestört ist, desto leichter sind diese primitiven Phantasien und Mechanismen zu erkennen; je stabiler die Gruppe ist, desto mehr entspricht sie der Freudschen Kennzeichnung der Gruppe als einer Wiederholung der Beziehungsmuster in der Familiengruppe und der neurotischen Mechanismen. Aber auch in der „stabilen" Gruppe sollten die tiefen psychotischen Schichten aufgezeigt werden, obwohl das zeitweilig eine scheinbare Verschlechterung der „Krankheit" der Gruppe mit sich bringen kann.

Zusammenfassung

Ehe ich mich der Erörterung psychoanalytischer Auffassungen von der Gruppe zuwende, halte ich es für nötig, die bisher dargestellten Theorien zusammenzufassen. Man wird sich erinnern, daß ich, um zu einer unbefangenen Anschauung zu gelangen, mich bewußt von früheren psychoanalytischen Theorien über die Gruppe freizumachen versucht habe, soweit das einem Psychoanalytiker möglich ist, der an die Erforschung der Gruppe zugegebenermaßen mit Hilfe von Intuitionen psychoanalytischer Herkunft herangeht. So bin ich zu einer Theorie gelangt, wonach die Gruppe Anzeichen von Arbeitsgruppenfunktionen bietet, zusammen mit einem — oft stark emotionell gefärbten — Verhalten, aus dem ich schloß,

---

[5] Es verdient Beachtung, daß Melanie Kleins Darstellung der psychotischen Reaktion auf äußere Objekte in ihrer Arbeit über „Frühe Stadien des Ödipus-Konflikts" (1928) der Reaktion der Gruppe auf Ideen auffallend ähnelt. Die Schaffung einer „Bibel" ist eine der Formen der Abwehr gegen sie.

daß Gruppen emotionell auf eine von drei Grundannahmen reagieren. Der Gedanke, daß diese Grundannahmen sich unwillkürlich, automatisch, zwangsläufig bilden, schien zur Erhellung des Verhaltens der Gruppe nützlich. Dennoch deutet vieles darauf hin, daß diese hypothetischen „Grundannahmen" nicht als gesonderte Bewußtseinszustände betrachtet werden können. Ich will nicht behaupten, daß sie als „Grund"-Erklärungen gelten können, die das gesamte Verhalten der Gruppe in sich begreifen — das wäre verstiegener Unsinn — doch weist jeder dieser Zustände, selbst wenn er sich mit einiger Sicherheit von den beiden andern abgrenzen läßt, Eigenschaften auf, die vermuten lassen, er sei irgendwie der Dual oder die Umkehrung eines der beiden andern oder einfach ein anderer Aspekt desselben Phänomens, den man für eine andere Grundannahme gehalten hatte. Beispielsweise hat die Messias-Hoffnung der Paarbildungsgruppe eine gewisse Ähnlichkeit mit der Gruppengottheit der abhängigen Gruppe. Das mag schwer zu erkennen sein, weil der emotionelle Ton, mit dem sie sich darbietet, so verschieden ist. Angst, Furcht, Haß, Liebe — sie alle sind in jeder der Grundannahmen-Gruppen vorhanden. Die Modifizierung, die Gefühle in ihrer Kombination in der jeweiligen Grundannahme durchmachen, kommt möglicherweise dadurch zustande, daß — wenn ich es so ausdrücken darf — der Zement, der sie aneinander bindet, im Falle der abhängigen Gruppe Schuld und Depression ist, in der Paarbildungsgruppe die Messias-Hoffnung, in der Kampf-Flucht-Gruppe Zorn und Haß. Wie dem auch sei, die Folge ist, daß der gedankliche Inhalt der Gespräche in den drei Gruppen oft nur scheinbar verschieden ist. Man kann mitunter den Eindruck gewinnen, das ungeborene Genie der Paarbildungsgruppe sehe dem Gott der abhängigen Gruppe sehr ähnlich. Namentlich in Situationen, wenn die Abhängigkeitsgruppe die Autorität eines „früheren" Führers anruft, kommt sie der Paarbildungsgruppe sehr nahe, die einen „zukünftigen" Führer anruft. In beiden Fällen existiert der Anführer nicht; es handelt sich um einen Unterschied im Tempus und in der Emotion.

Ich wiederhole diese Einzelheiten, um zu zeigen, daß meine Hypothese von den Grundannahmen nicht als starre Formel betrachtet werden kann.

Die psychoanalytische Auffassung

Freuds Theorien über die Gruppe beruhen auf seiner Beschäftigung mit der Übertragung. Da die Paarbeziehung der Psychoanalyse als Teil der größeren Gruppensituation betrachtet werden kann, war zu erwarten, daß die Übertragungsbeziehung aus den schon genannten Gründen von den Merkmalen der Paarbildungsgruppe gefärbt ist. Wenn man die Analyse als einen Bestandteil der gesamten Gruppensituation betrachtet, ist zu erwarten, daß in dem dabei vorgebrachten Material sexuelle Momente eine hervorragende Rolle spielen und daß die Verdächtigungen und Anfeindungen gegen die sexuelle Wirkung der Psychoanalyse in demjenigen Teil der Gruppe, der tatsächlich von der Analyse ausgeschlossen ist, aktiv sind.

Auf Grund seiner analytischen Erfahrung konnte Freud auf die Bedeutung zweier der von mir so genannten „spezialisierten Arbeitsgruppen" schließen: nämlich des Militärs und der Kirche; doch er ist nicht auf jene andere spezialiserte Arbeitsgruppe eingegangen, die auf Abstammung den größten Wert legt und die es daher am ehesten mit Phänomenen der Paarbildungsgruppe zu tun hat: nämlich die Aristokratie. Wenn es der Aristokratie lediglich um die äußere Realität ginge, würde ihre Tätigkeit viel mehr der Arbeit des Genetischen Instituts einer Universität ähneln, als es tatsächlich der Fall ist. Aber ihr Interesse für Abstammung hat nicht die wissenschaftliche Note, die wir bei einer auf die äußere Realität gerichteten geistigen Tätigkeit erwarten: Es handelt sich um eine spezialisierte Arbeitsgruppe, die abgespalten ist, um sich in ganz ähnlicher Weise mit Phänomenen der Paarbildungsgruppe auseinanderzusetzen, wie das Militär sich mit Kampf-Flucht-Phänomenen und die Kirche mit Phänomenen der Abhängigkeit auseinandersetzen muß. Daher wird das Verhältnis dieser Untergruppe zur Hauptgruppe nicht von dem Grad der Treue zu den streng genetischen Grundsätzen bestimmt, nach denen sie sich in ihrem Verhalten richtet, sondern vielmehr von der Wirksamkeit, mit der sie die Anforderung der Hauptgruppe erfüllt, sich mit den Phänomenen der Paarbildungsgruppe auseinanderzusetzen, so daß die Arbeitsgruppenfunktionen der gesamten Gruppe nicht durch Affekte aus dieser Richtung behindert werden. Freud hat zwar eine tiefergreifende Behandlung des Gruppenproblems ausdrücklich von sich gewiesen (1921) und seine Bemerkungen im Verlaufe einer Erörterung der Anschauungen von Le Bon, McDougall und Wilfred Trotter vorgebracht; aber er hat doch (1921, verschiedene Stellen) über reiche Erfahrung mit Gruppen verfügt und gewußt, was es für den Einzelnen bedeutet, in ihre affektiven Spannungen verstrickt zu sein — wie in dem Bild, mit dem ich gezeigt habe, welche Stellung die Psychoanalyse in einer Gruppe einnehmen dürfte, in der sie eine Paarbildungsgruppe herbeiführt.

Freud sagt (1921, S. 73 ff.), Individual- und Gruppenpsychologie ließen sich nicht absolut auseinanderhalten, weil die Psychologie des Individuums an sich schon eine Funktion des Verhältnisses zwischen einem Menschen und einem andern sei. Er wendet ein, man könne schwerlich dem Moment der Zahl so große Bedeutung einräumen, daß es ihm allein möglich sein sollte, in unserem Seelenleben einen neuen und sonst nicht betätigten Trieb zu wecken. Ich glaube, damit hat Freud recht. Ich bin niemals einem Phänomen begegnet, zu dessen Erklärung es erforderlich gewesen wäre, einen Herdentrieb zu postulieren. Der Einzelne ist — und zwar immer — Mitglied einer Gruppe, selbst wenn seine Zugehörigkeit sich in einem Verhalten äußert, das der Vorstellung, er gehöre überhaupt keiner Gruppe an, Realität verleiht. Der Einzelne ist ein Gruppengeschöpf, das sowohl mit der Gruppe als auch mit denjenigen Aspekten seiner Persönlichkeit, die seine „Vergrupptheit" ausmachen, im Kampf liegt. Freud (1930) beschränkt diesen Kampf auf einen Kampf mit der „Kultur"; ich hoffe indes, zeigen zu können, daß dies weiter ausgeführt werden muß.

McDougall und Le Bon scheinen von der Voraussetzung auszugehen, Gruppenpsychologie trete nur dann auf, wenn eine Anzahl von Menschen zur gleichen Zeit am gleichen Ort versammelt ist, und Freud rückt davon nicht ab. Nach meiner Auffassung ist eine Zusammenkunft nicht erforderlich — außer um eine Untersuchung möglich zu machen, im gleichen Sinne, wie auch Analytiker und Analysand zusammenkommen müssen, damit die Übertragungsbeziehung sich aufzeigen läßt. Nur eine Zusammenkunft schafft adäquate Voraussetzungen, um die Charakteristika der Gruppe aufzuzeigen. Nur wenn die Einzelnen eng genug zueinander kommen, ist es möglich, eine Deutung zu geben, ohne dabei zu brüllen; desgleichen müssen alle Teilnehmer die Anhaltspunkte, die den Deutungen zugrunde liegen, selbst bezeugen können. Daher müssen die Zahl der Gruppenmitglieder und der Grad ihrer räumlichen Zerstreuung sich in Grenzen halten. Die Versammlung der Gruppe an einem bestimmten Ort und zu einer bestimmten Zeit ist also aus diesen rein technischen Gründen wichtig, spielt aber bei der Entstehung der Gruppenphänomene gar keine Rolle. Dem Gedanken, daß es auf die Zusammenkunft ankäme, liegt die Vorstellung zugrunde, etwas müsse unbedingt in dem Augenblick seinen Anfang nehmen, in dem seine Existenz aufweisbar wird. Tatsächlich sollte man von einem Individuum nie, auch wenn es zeitlich und räumlich noch so isoliert ist, glauben, es stehe außerhalb einer Gruppe oder zeige keine aktiven Manifestationen von Gruppenpsychologie. Trotzdem ist, wie gesagt, die Existenz eines Gruppenverhaltens selbstverständlich leichter nachzuweisen und auch zu beobachten, wenn die Gruppe versammelt ist. Ich glaube, diese gesteigerte Möglichkeit der Beobachtung und des Nachweises hat zu der Annahme eines Herdentriebs, wie ihn Trotter postuliert, und zu den bereits erwähnten verschiedenen anderen Theorien geführt, die auf den Gedanken hinauslaufen, daß eine Gruppe mehr sei als die Summe ihrer Mitglieder. Meine Erfahrung gibt mir die Überzeugung, daß Freud recht hatte, eine solche Vorstellung als nach den bislang vorliegenden Anhaltspunkten unnötig zurückzuweisen. Der scheinbare Unterschied zwischen Gruppenpsychologie und Individualpsychologie ist eine Illusion, die darauf beruht, daß die Gruppe Phänomene hervortreten läßt, die einem Beobachter, dem die Handhabung der Gruppe ungewohnt ist, fremd erscheinen [6].

Große Wirkung messe ich der Arbeitsgruppe bei, die durch ihre Beschäftigung mit der Realität gezwungen ist, wissenschaftliche Methoden anzuwenden, wenn auch in noch so rudimentärer Form. Trotz des Einflusses der Grundannahmen — und manchmal in Einklang mit ihnen — ist es auf lange Sicht die Arbeitsgruppe, die triumphiert. Le Bon hat gesagt, die Masse dürste niemals nach der Wahrheit. Ich schließe mich der Ansicht Freuds an — besonders in seinen Ausführungen über die schöpferische Rolle der Gruppe bei der Entstehung von Sprache [7], Volkslied, Volksbräuchen usw. —, daß Le Bon der Gruppe damit nicht gerecht wird. Wenn McDougall sagt, daß die Bedingungen in der hoch organisierten Gruppe „die psychologischen Nachteile der Gruppenbildung" aufheben, so kommt er damit meiner Anschauung nahe, daß die Funktion der spezialisierten Arbeitsgruppe darin besteht, durch Manipulation der Grundannahme zu verhüten, daß sie die Arbeitsgruppe behindert. Freud sieht die Aufgabe darin, „der Masse gerade jene Eigenschaften zu verschaffen, die für das Individuum charakteristisch waren und bei ihm durch die Massenbildung ausgelöscht wurden". Er postuliert ein „Individuum außerhalb der primitiven Masse", das seine Kontinuität besitzt, sein Selbstbewußtsein, seine Traditionen und Gewohnheiten, seine besonderen Leistungen und seine Stellung. Durch seinen Eintritt in eine „nicht organisierte Masse" habe das Individuum seine Eigenart einstweilen verloren (Freud, 1921, S. 94).

Ich glaube, der Kampf des Individuums um die Erhaltung seiner Eigenart nimmt je nach dem Zustand der Gruppenpsyche verschiedene Formen an. Gruppenorganisation schafft Stabilität und Dauer für die Arbeitsgruppe, von der man glaubt, daß sie leichter von den Grund-

---

[6] Siehe die Ausführungen hierzu auf den S. 96 ff. des vorliegenden Buches. Es kommt übrigens auch auf die historische Entwicklung an. Manche Aspekte des Gruppenverhaltens erscheinen seltsam, wenn man nicht eine gewisse Kenntnis von Melanie Kleins Arbeiten über die Psychosen besitzt. Siehe besonders ihre Schriften über die Symbolbildung und die schizoiden Mechanismen. Ich führe dies später noch weiter aus.

[7] Weiter unten in dieser Arbeit behandle ich einen Aspekt der Sprachentwicklung.

annahmen überflutet wird, wenn die Gruppe unorganisiert ist. Individuelle Eigenart gehört nicht zum Leben einer Gruppe, die nach den Grundannahmen handelt. Organisation und Struktur sind Waffen der Arbeitsgruppe. Sie sind das Ergebnis der Kooperation zwischen den Mitgliedern, und wenn sie sich einmal in der Gruppe durchgesetzt haben, so erfordern sie von den Einzelnen immer weitere Kooperation. Insofern ist McDougalls organisierte Gruppe stets eine Arbeitsgruppe und nie eine Grundannahmen-Gruppe. Eine Gruppe, die nach einer Grundannahme handelt, würde weder Organisation noch die Fähigkeit zur Kooperation brauchen.

Das Gegenstück zur Kooperation ist in der Grundannahme die Valenz — eine spontane, unbewußte Funktion der Herdeneigenschaft des Menschen. Erst wenn die Gruppe nach einer Grundannahme zu handeln beginnt, treten Schwierigkeiten auf. Handeln bedeutet zwangsläufig Kontakt mit der Realität, und Kontakt mit der Realität zwingt zur Achtung vor der Wahrheit; die wissenschafliche Methode drängt sich auf, und die Herausbildung der Arbeitsgruppe folgt.

Le Bon hat den Führer als einen Menschen gekennzeichnet, dem eine Anzahl von Menschen sich instinktiv unterordnet und dessen Autorität sie anerkennt; der Führer muß in seinen persönlichen Eigenschaften mit der Gruppe übereinstimmen und selbst von einem starken Glauben getragen sein, um den Glauben der Gruppe wachrufen zu können. Le Bons Auffassung des Führers verträgt sich mit meiner Anschauung, daß die Gruppe jeden Führer ignoriert, wenn sein Verhalten und seine Charakteristika außerhalb des von der vorherrschenden Grundannahme gesetzten Rahmens fallen. Außerdem muß der Führer von dem gleichen „Glauben" getragen sein, der auch die Gruppe trägt — nicht, um den Glauben der Gruppe wachzurufen, sondern weil die Haltung der Gruppe ebenso wie die des Anführers beide ja Funktionen der aktiven Grundannahme sind.

McDougalls Unterscheidung (1920, S. 40) zwischen der einfachen, „unorganisierten" Gruppe und der „organisierten" Gruppe scheint mir nicht für zwei verschiedene Gruppen zu gelten, sondern für zwei Bewußtseinszustände, deren Koexistenz in der gleichen Gruppe zu beobachten ist. Die „organisierte" Gruppe wird aus den schon genannten Gründen mit einiger Wahrscheinlichkeit die charakteristischen Züge der Arbeitsgruppe aufweisen, die „unorganisierte" Gruppe die der Grundannahmen-Gruppe. Freud setzt sich mit McDougalls Anschauungen auseinander und zitiert seine Darstellung der „unorganisierten" Gruppe. Was die Suggestibilität der Gruppe angeht, so glaube ich, sie hängt davon ab, was suggeriert werden soll. Sofern es in den Rahmen der aktiven Grundannahme fällt, wird die Gruppe der Suggestion folgen; wenn aber nicht, so wird sie sie ignorieren. Dieser Wesenszug, so scheint mir, zeigt sich ganz deutlich in dem Phänomen der Panik, auf das ich weiter unten eingehe.

McDougall, mit dem sich Freud an der genannten Stelle auseinandersetzt, stellt gewisse Bedingungen für eine Niveauanhebung des kollektiven psychischen Lebens auf. „Die erste dieser Bedingungen", sagt er (1920, S. 49), „auf der alle übrigen beruhen, ist ein gewisses Maß von Kontinuität im Bestand der Gruppe[8]." Dies gibt mir die Überzeugung, daß McDougall mit der organisierten Gruppe das meint, was ich Arbeitsgruppe nenne. Meyer Fortes (1949) beschäftigt sich mit Radcliffe-Browns Ansichten über die soziale Struktur, besonders über den Unterschied zwischen „Struktur als tatsächlich existierender, konkreter Realität" und „strukturaler Form", und sagt, der Unterschied hänge zusammen mit der zeitlichen Kontinuität der Sozialstruktur. Nach meiner Ansicht ist die zeitliche Kontinuität der sozialen Struktur eine Funktion der Arbeitsgruppe. Meyer Fortes bemerkt, der Zeitfaktor trete in der sozialen Struktur keineswegs in einheitlicher Form auf. Alle Kollektive, fügt er hinzu, müßten Kontinuität besitzen. Wie bei McDougalls Unterscheidung zwischen organisierten und unorganisierten Gruppen, so glaube ich auch beim Auftreten des Zeitfaktors nicht, daß wir es mit zwei verschiedenen Arten von Gruppen im Sinne von zwei verschiedenen Summen von Individuen zu tun haben, sondern vielmehr mit zwei verschiedenen Kategorien psychischer Tätigkeit, die in der gleichen Gruppe von Individuen nebeneinander bestehen. Zur Arbeitsgruppenfunktion gehört die Zeit wesentlich hinzu; während der Aktivität der Grundannahme ist für sie kein Platz. Funktionen der Grundannahmen-Gruppe sind aktiv, bevor die Gruppe überhaupt in einem Raume zusammenkommt, und dauern fort, wenn die Gruppe sich wieder zerstreut hat. In den Funktionen der Grundannahme gibt es weder Entwicklung noch Verfall, und insofern unterscheiden sie sich radikal von denen der Arbeitsgruppe. Es ist daher zu erwarten, daß die Beobachtung der zeitlichen Gruppenkontinuität anomale und widersprüchliche Resultate zeigt, wenn man nicht erkannt hat, daß zwei verschiedene psychische Funktionsweisen zur gleichen Zeit innerhalb der Gruppe am Werke sind. Der Mann, der fragt: „Wann trifft die Gruppe sich wieder?", denkt an die Arbeitsgruppe, soweit er von psychischen Phänomenen spricht. Die Grundannahmen-Gruppe trifft sich nicht und geht nicht auseinander; Zeitangaben haben in ihr keine Bedeutung. Ich habe es erlebt, wie eine Gruppe intelligenter Menschen, denen die Zeiten der Sitzungen durchaus bekannt waren, ihrem Ärger Luft machte, weil die

---

[8] Freud (1921, S. 93) übersetzt an dieser Stelle: „im Bestand der Masse" (Anm. des Verlages).

Sitzung zu Ende war, und eine ganze Weile einfach nicht in der Lage war, eine Tatsache zu erfassen, über die es in der Arbeitsgruppenmentalität keinen Zweifel geben könnte. Was man für gewöhnlich Gereiztheit nennt, muß daher in der Grundannahmen-Gruppe als Ausdruck von Angst betrachtet werden. Die Angst wird erregt durch Phänomene, die innerlich mit einer Dimension durchsetzt sind, von der die Grundannahmenmentalität nichts weiß. Es ist, als ob man einen Blinden auf Phänomene hinwiese, die nur jemand verstehen könnte, dem die Eigenschaften des Lichtes vertraut sind.

McDougalls Prinzipien zur Anhebung des kollektiven psychischen Lebens auf eine höhere Ebene möchte ich als einen Ausdruck des Versuchs bezeichnen, die Behinderung der Arbeitsgruppe durch die Grundannahmen zu verhüten. In seiner zweiten Bedingung betont er, der Einzelne müsse eine bestimmte Vorstellung von den Zielen der Arbeitsgruppe haben. Die vierte Bedingung wäre das Vorhandensein eines Fundus von Traditionen, Sitten und Gewohnheiten im Bewußtsein der Gruppenmitglieder, der ihre Beziehungen zueinander und zur Gruppe als Ganzem bestimmen sollte. Dies kommt nahe an Platons Auffassung heran, daß Gruppenharmonie auf der Funktion des Individuums und auf der Bestimmtheit, mit der es an sie gefesselt bleibt, beruhen müsse. Aber es hat auch Berührungspunkte mit Augustins Ansicht im 19. Buch des „Gottesstaats", daß nur ein Mensch, der zunächst sein Verhältnis zu Gott geregelt hat, ein rechtes Verhältnis zu seinen Mitmenschen erreichen könne.

Das mag so aussehen, als widerspräche es meiner Feststellung, daß McDougall sich in seiner Darstellung der organisierten Gruppe hauptsächlich mit Arbeitsgruppenphänomenen befasse. Der Unterschied zwischen den beiden Autoren scheint der zu sein: McDougall geht es darum, mit den Grundannahmen fertigzuwerden, indem man die Fähigkeit der Arbeitsgruppe stärkt, den Kontakt mit der äußeren Realität zu bewahren; Augustinus hingegen erarbeitet eine Methode zur Bildung einer spezialisierten Arbeitsgruppe mit der spezifischen Funktion, Kontakt mit der Grundannahme zu halten — insbesondere mit der der Abhängigkeit. Es muß daran erinnert werden, daß er das Christentum gegen den Vorwurf verteidigen wollte, es habe die Moral so unterhöhlt, daß Rom dem Ansturm Alarichs nicht standhalten konnte. Anders ausgedrückt: Es war eine Gemeinde oder Gruppe entstanden, die im Verdacht stand, mit Grundannahmen ungeschickter umgegangen zu sein als ihre heidnischen Vorgänger. Augustinus ist peinlich darauf bedacht, dies zu widerlegen. Dieses Dilemma ist allen, die in der Öffentlichkeit oder in der Gruppe die Führung beanspruchen, nicht unbekannt: Eine Grundannahme zu stimulieren und zu manipulieren — besonders wenn das, wie es in gewisser

Hinsicht immer der Fall sein muß, ohne auch nur entfernt ausreichendes Wissen oder wenigstens Bewußtsein geschieht — muß zu unangenehmen Resultaten führen, manchmal sogar auf die Anklagebank.

Ich möchte mich nun jenen Ausführungen Freuds zuwenden, in denen es um die These geht, in einer Gruppe würde die Affektivität des Einzelnen außerordentlich gesteigert, seine intellektuelle Leistung dagegen spürbar eingeschränkt. Auf diese These selbst werde ich noch zurückkommen, wenn ich die Gruppe vom Standpunkt des Einzelnen aus betrachte; doch zunächst möchte ich das Problem wie auch Freud, (1921, S. 95), als ein Gruppenphänomen behandeln.

In den Gruppen, mit denen ich mich befaßt habe, lag es nahe, daß die Gruppe damit rechnete, ich würde die Initiative ergreifen, um ihren Betrieb zu organisieren. Wenn ich von der mir damit zugestandenen Stellung Gebrauch mache, um die Gruppe zu einer Vorführung der Gruppendynamik zu bringen, so tut die „Organisation" der Gruppe nicht das, was nach McDougall der Zweck der Organisation der Gruppe ist. Der Wunsch nach einer „organisierten" Gruppe in McDougalls Sinne wird frustriert. Die Furcht vor der Grundannahme, der man mit Organisation und Struktur nicht zufriedenstellend begegnen kann, äußert sich daher in der Unterdrückung der Affektivität — denn diese ist ein wesentliches Moment der Grundannahmen. Die so erzeugte Spannung stellt sich dem Einzelnen als eine Steigerung der Affektivität dar; der Mangel an Struktur läßt die Grundannahme vordringen, und da in einer Grundannahmen-Gruppe die geistige Tätigkeit nur sehr begrenzt ist, hat der Einzelne, der sich auf das Verhalten einstellt, das die Beteiligung an der Grundannahme ihm diktiert, das Empfinden, seine intellektuelle Leistungsfähigkeit werde eingeschränkt. Der Einzelne glaubt dies um so nachhaltiger, als er dazu neigt, jede geistige Tätigkeit zu ignorieren, die nicht in den Rahmen der Grundannahme paßt. Ich glaube jedoch durchaus nicht, daß in der Gruppe die intellektuelle Leistung herabgesetzt wird, und glaube ebensowenig, daß „große Entscheidungen im Bereiche des Denkens und bedeutsame Entdeckungen und Lösungen von Problemen nur einem Einzelnen in einsamer Arbeit möglich sind" (McDougall, 1920). Dieser Glaube wird aber in der Gruppendiskussion häufig ausgesprochen, und allerlei Pläne werden entworfen, um den angeblich verderblichen Einfluß der Gruppenaffektivität zu umgehen. Im Gegenteil, ich gebe Deutungen aus dem Glauben heraus, daß in einer Gruppe hochgradig intellektuelle Tätigkeit zusammen mit einem Bewußtsein von der Affektivität der Grundannahmen — nicht einem Ausweichen vor ihnen — möglich ist. Wenn Gruppentherapie einen Wert hat, dann wird er, glaube ich, in dem bewußten Erlebnis der Gruppentätigkeit dieser Art liegen.

Freud wendet sich der Behandlung einer Erscheinung zu, die unter allerlei Namen auftaucht, darunter „Suggestion“, „Nachahmung“, „Führerprestige“, „Ansteckung“. Ich habe das Wort „Valenz“ gebraucht, zum Teil weil ich die Bedeutungen vermeiden will, die den genannten Ausdrücken schon anhaften, zum Teil weil das Wort „Valenz“, das in der Chemie die Verbindungsfähigkeit von Atomen bezeichnet, einen breit verfließenden Bedeutungskreis besitzt, der meinen Zwecken gut entspricht. Ich meine damit die Fähigkeit des Individuums, sich zusammen mit anderen Individuen augenblicks in ein eingeführtes Verhaltensmuster einzuordnen — die Grundannahmen. Später, wenn ich mich vom psychoanalytischen Standpunkt aus mit dem Beitrag des Einzelnen befasse, werde ich noch näher ausführen, welche Bedeutung wir diesem Terminus beilegen sollen.

Ich will hier den Freudschen Ausführungen nicht im einzelnen nachgehen, sondern gleich auf die Art zu sprechen kommen, in der er den Terminus „Libido“ verwendet, den er aus seiner Untersuchung der Psychoneurosen übernimmt (Freud, 1921). Er geht also die Gruppe nach psychoanalytischer Methode an, und die Psychoanalyse kann im Lichte meiner Erfahrungen mit Gruppen als eine Arbeitsgruppe mit der Tendenz zur Stimulierung der Grundannahme der Paarbildung betrachtet werden. Angesichts dieses Umstandes liegt es nahe, daß die psychoanalytische Untersuchung — die ja als solche Teil einer Paarbildungsgruppe ist — die zentrale Stellung der Sexualität bloßlegt. Außerdem liegt es nahe, daß sie selbst als eine sexuelle Tätigkeit betrachtet und als solche angegriffen wird, denn nach meiner Auffassung von der Paarbildungsgruppe muß die Gruppe annehmen, daß zwei Menschen nur zu sexuellen Zwecken zusammenkommen können. Es ist daher natürlich, daß Freud die Bindung zwischen den Individuen in einer Gruppe als dem Wesen nach libidinös betrachtet.

In der Gruppe ist die libidinöse Komponente in der Bindung charakteristisch für die Paarbildungsgruppe; in der abhängigen Gruppe und der Kampf-Flucht-Gruppe hat sie ein anderes Gepräge. Freud sagt, Christus sei der Feldherr der Kirche; aber ich würde sagen, die Gottheit ist es. Christus — oder der Messias — ist der Führer nicht der abhängigen, sondern der Paarbildungsgruppe. In der Psychoanalyse, wenn man sie als zur Paarbildungsgruppe gehörig betrachtet, nimmt der Messias oder die Messias-Idee eine zentrale Stellung ein, und die Bindung zwischen den Individuen ist libidinös. Die Messias-Idee verrät sich in der Annahme, der einzelne Patient verdiene die sehr beträchtliche Hingabe des Analytikers, desgleichen in der mitunter offen ausgesprochenen Ansicht, die psychoanalytische Arbeit werde zur Perfektionierung einer Methode führen, die schließlich die Menschheit retten werde. Kurz, ich betrachte Freuds Gebrauch des Terminus „Libido“ nur für eine Phase als richtig, allerdings eine wichtige, und glaube, man braucht einen neutraleren Ausdruck, der das verbindende Element zwischen allen Ebenen der Grundannahmen bezeichnet. Das verbindende Element in der Arbeitsgruppe, die nach meiner Auffassung einen intellektuellen Charakter trägt, läßt sich besser mit dem Terminus „Kooperation“ bezeichnen.

Freuds Begriff vom Führer als jemandem, von dem die Gruppe abhängt und von dessen Persönlichkeit sie ihre Eigenschaften bezieht, scheint mir auf seiner Ansicht zu beruhen, daß Identifikation fast ausschließlich ein Vorgang der Introjektion durch das Ich sei. Für mich unterliegt der Führer ebenso der Grundannahme wie jedes andere Gruppenmitglied, und ich glaube, das ist auch zu erwarten, wenn wir es uns so vorstellen, daß die Identifikation der Einzelnen mit dem Führer nicht allein auf Introjektion beruht, sondern außerdem auf einem gleichzeitigen Prozeß der projektiven Identifikation (Melanie Klein, 1946). Der Führer — auf der Ebene der Grundannahme — schafft nicht die Gruppe kraft seines fanatischen Glaubens an eine Idee, sondern ist ein Einzelmensch, dessen Persönlichkeit ihn eigentümlich anfällig macht für die Auslöschung der Individualität durch die Ansprüche der Grundannahmen-Gruppen an ihren „Führer“. Der „Verlust seiner individuellen Eigenart“ trifft den Anführer ebensosehr wie jeden andern — ein Umstand, der wahrscheinlich manches von der Pose erklärt, in der führende Persönlichkeiten sich oft gefallen. So scheint z. B. der Führer in der Kampf-Flucht-Gruppe deshalb persönliche Eigenart zu besitzen, weil seine Persönlichkeit von solcher Beschaffenheit ist, daß sie sich zur Ausnutzung durch das Verlangen der Gruppe nach einem Führer eignet, der nichts weiter von ihr fordert als die Fähigkeit zum Kampfe oder zur Flucht. Der Führer hat keine größere Freiheit, er selbst zu sein, als jedes andere Mitglied. Dies weicht, wie man bemerken wird, von Le Bons Auffassung ab, daß der Führer einen starken, gebieterischen Willen haben müsse, ebenso von Freuds Ansicht, daß er einem Hypnotiseur entspreche. Was er an Macht besitzt, beruht darauf, daß er, ebenso wie jeder andere Gruppenangehörige, zu einem „willenlosen Automaten“ geworden ist, wie Le Bon es ausdrückt. Kurz, er spielt seine führende Rolle kraft seiner Fähigkeit zu sofortiger und unwillkürlicher (möglicherweise auch willentlicher) Verbindung mit jedem andern Mitglied seiner Gruppe und unterscheidet sich von den übrigen nur dadurch, daß er, ganz gleich welche Funktion er in der Arbeitsgruppe haben mag, den Führer der Grundannahmen-Gruppe verkörpert.

In Freuds Anschauung scheinen die gefährlichen Möglichkeiten, die in dem Phänomen der Führerschaft liegen, nicht klar hervorzutreten.

Seine Auffassung vom Führer — wie überhaupt alle andern Auffassungen, die mir bekannt sind — läßt sich nicht leicht mit meinen Erfahrungen über Führung, wie sie in der Praxis hervortritt, in Einklang bringen. Der Führer der Arbeitsgruppe hat wenigstens den Vorzug, daß er Kontakt mit der äußeren Realität besitzt, aber vom Führer der Grundannahmen-Gruppe wird keine solche Qualifikation verlangt. In der Regel scheint die Darstellung des Führers eine Mixtur zu sein, in der verschiedene Gruppen-Phänomene enthalten sind, wobei die Merkmale des Anführers der Arbeitsgruppe vorwiegen. Aus Gründen, die ich schon genannt habe, ist der Arbeitsgruppenführer entweder harmlos, weil er keinen Einfluß auf die Gruppe hat, oder aber ein Mann mit solchem Verständnis für die Realität, daß es ihm Autorität verschafft. Daher kann es leicht geschehen, daß Darstellungen der Führerrolle, die hauptsächlich von Anschauungen über Eigenschaften des Arbeitsgruppenführers gefärbt sind, eine optimistische Note bekommen. Meine Auffassung vom Führer der Grundannahmen-Gruppe schließt die Möglichkeit seiner Identität mit dem Führer der Arbeitsgruppe nicht aus, läßt aber Raum für die Existenz eines Führers, dem anscheinend die begeisterte Ergebenheit der Gruppe gilt, der jedoch keinerlei Kontakt mit der Realität hat — außer mit der Realität der Anforderungen der Grundannahmen-Gruppe. Das kann bedeuten, daß die Gruppe von einem Individuum geführt wird, dessen Qualifikation darin besteht, daß seine Persönlichkeit ausgelöscht worden ist, von einem Automaten, einem Individuum, das seine „Eigenart" verloren hat, aber doch so von den Affekten der Grundannahme erfüllt ist, daß es all das Prestige besitzt, das man gern für das besondere Vorrecht des Führers der Arbeitsgruppe halten möchte. Macht man sich das klar, so werden manche der Katastrophen erklärbar, in die Gruppen durch Führer hineingeführt worden sind, deren Qualifikation sich als nichtig erwies, sobald die Affekte erloschen waren, die in ihrer Blütezeit herrschten.

Freud sagt (1921, S. 104), das Phänomen der Panik lasse sich am besten in militärischen Gruppen studieren. Ich habe Panik zweimal bei kämpfenden Truppen erlebt; bei kleineren Gruppen im Zivilleben hatte ich mehrmals den Eindruck, das affektive Erlebnis sei dem militärischen ähnlich genug, um den Namen Panik zu verdienen. Freud spricht von dem gleichen Phänomen, wenn auch diese Erlebnisse die Freudschen Theorien offenbar nicht in allen Punkten bestätigen.

McDougalls Darstellung der Panik bezieht sich auf ein Erlebnis, das in den Wesenszügen, glaube ich, meinen eigenen ähnlich ist, und ich fühle mich in dieser Ansicht bestätigt, wenn er sagt: „Andere von den gröberen, ursprünglichen Affekten können sich in ganz ähnlicher Weise in einer

Menschenmenge ausbreiten, — wenn auch der Vorgang selten so rasch und so intensiv ist wie im Falle der Furcht" (McDougall, 1920, S. 24); anschließend beschreibt er in einer Fußnote ein von ihm selbst auf Borneo erlebtes Beispiel, wie sich beinahe augenblicklich Wut in einer Menschenmenge ausbreitet (a.a.O., S. 26). McDougall hat damit Wut und Furcht ganz dicht zueinander gebracht — wenn auch, ohne die Verbindung zu knüpfen — und bekräftigt so meine Auffassung, daß Panik ein Aspekt der Kampf-Flucht-Gruppe ist. Meine These ist, daß Panik, Flucht und planloser Angriff in Wirklichkeit dasselbe sind.

Nestroys Parodie, die Freud erwähnt (1921, S. 106), ist mir nicht bekannt, aber auf Grund seiner Wiedergabe der Geschichte von Judith und Holofernes würde auch ich meinen, daß sie sich als ein typisches Beispiel für Panik verstehen läßt; allerdings würde ich sagen: Es kann keine absolutere Methode geben, sich aus einer Schlacht zu entfernen, als zu sterben. Keinesfalls dürfen wir die Geschichte von der panischen Flucht nach dem Tode des Feldherrn als unvereinbar mit der Treue zum Kampf-Flucht-Führer betrachten; seine Leute folgen ihm noch, wenn er tot ist, denn auch sein Tod ist eine Handlung des Führers.

Panik entsteht nur in Situationen, die ebenso leicht auch zu Wutausbrüchen geführt haben könnten. Der Wut oder der Furcht bietet sich kein bequem erreichbares Ventil. Die Frustration, die daher unausweichlich ist, kann nicht geduldet werden, weil Frustration die Wahrnehmung des Zeitablaufs erfordert, und die Zeit ist keine Dimension der Grundannahme. Die Flucht bietet eine sofort greifbare Möglichkeit des Affektausdrucks in der Kampf-Flucht-Gruppe und erfüllt daher das Bedürfnis nach sofortiger Befriedigung — also flieht die Gruppe. Eine andere Möglichkeit ist, daß der Angriff ebenfalls ein sofort erreichbares Ventil bietet — dann kämpft die Gruppe. Die Kampf-Flucht-Gruppe folgt jedem Führer, dessen Befehle sofortige Flucht oder sofortigen Angriff zulassen (und im Gegensatz zu bisher vorgetragenen Anschauungen behält sie dabei ihren Zusammenhalt). Wenn ein Einzelner in der Gruppe sich den Beschränkungen anpaßt, denen der Kampf-Flucht-Führer unterworfen ist, so wird es ihm nicht schwerfallen, die wilde Flucht einer Gruppe in den Angriff zu überführen und einen wilden Angriff in Panik.

Der Anlaß zur Panik — oder zur Raserei, die nach meiner Ansicht damit austauschbar ist — muß immer ein Geschehen sein, das außerhalb der Arbeitsgruppenfunktionen der betreffenden Gruppe liegt. Das heißt, der Grad der Organisation der Gruppe ist kein Faktor bei der Panik, es sei denn, die Organisation (die, wie ich gesagt habe, zur Arbeitsgruppenfunktion gehört) wäre gerade als Mittel gegen das spezifische äußere Geschehen herausgebildet worden, das die Panik auslöst. In Freuds Beispiel vom Brande in einem Theater oder Vergnügungslokal (1921, S. 105) ist es der Zweck der Arbeitsgruppe, das Schauspiel zu sehen, nicht aber einen Brand mitzuerleben, geschweige denn ihn zu löschen. Das Wesentliche einer Organisation ist, daß sie sich sowohl für das äußere Ziel einer Gruppe eignen muß als auch für die Manipulation der Grundannahme, die ein solches Unternehmen am ehesten hervorrufen dürfte. Panik wird in einem Heer nicht durch militärische Gefahr ausgelöst, wenn auch naturgemäß eine solche Gefahr bestehen dürfte. Sie dürfte kaum durch irgendeine Situation ausgelöst werden, in der Angriff oder Flucht angemessene Äußerungen der Arbeitsgruppe sind. Wenn in einer solchen Situation dennoch Panik zu entstehen scheint, dann liegt es daran, daß die tatsächliche Ursache nicht beachtet wird.

Es wird deutlich, daß zwischen den von Freud vorgetragenen Gedanken und den hier von mir umrissenen eine Lücke klafft. Sie mag größer scheinen, als sie ist, weil ich bewußt eine neue Terminologie benutze, um den Apparat der Mechanismen, den ich entdeckt zu haben glaube, in Worte zu kleiden. Es wird nötig sein, dies zu überprüfen, indem ich die Gruppe näher vom Standpunkt des Individuums aus betrachte. Zuvor möchte ich aber zusammenfassend sagen, daß Freud die Gruppe als eine Wiederholung von Beziehungen zu Teilobjekten sieht. Daraus folgt, daß Gruppen nach Freuds Auffassung neurotischen Verhaltensweisen, nach meiner Auffassung dagegen psychotischen Verhaltensweisen nahekämen.

Die Gesellschaft oder Gruppe, sofern sie gesund ist, weist Ähnlichkeit mit der Familiengruppe auf, wie Freud sie darstellt. Je stärker gestört eine Gruppe ist, desto weniger wahrscheinlich ist es, daß man sie auf der Basis von Beziehungen in der Familie oder auf der Basis neurotischen Verhaltens, wie wir es beim Individuum kennen, verstehen kann.

Damit will ich nicht sagen, meine Darstellungen seien nur für kranke Gruppen gültig. Im Gegenteil, ich bezweifle sehr, ob eine wirkliche Therapie herauskommen könnte, wenn man nicht diese psychotischen Grundmuster bloßlegte — ganz gleich, um welche Art von Gruppe es sich handelt. Bei manchen Gruppen ist die Existenz solcher Grundmuster schon bald erkennbar; bei andern müssen sie mühsam herausgearbeitet werden. Es ist mit diesen Gruppen ähnlich wie mit dem Analysepatienten, der nach monatelanger Analyse viel kränker zu sein scheint als vor dem Beginn der Analyse.

Der Einzelne, der zu therapeutischen Zwecken an Gruppenzusammenkünften teilnimmt, ist zu der Annahme berechtigt, er werde etwas erleben, das zu seiner Heilung führt. Fast ohne Ausnahme — und es muß gezeigt werden, daß selbst die Ausnahmen eher scheinbare sind als wirkliche — sind die Patienten jedoch überzeugt, daß die Gruppe wertlos ist und sie nicht heilen kann. Mit einigem Schrecken stellt man — jedenfalls wenn ich der Gruppe angehöre — fest, daß das, was sich da abspielt, diese Befürchtungen nicht beschwichtigt, sondern vielmehr schmerzhaft deutlich nachzuweisen scheint, daß ihre unbestimmten und schlecht artikulierten Befürchtungen und Ressentiments gegen die Gruppe oft genug in einer nur zu wirklichen Haltung der Gruppe ihnen und ihren Schwierigkeiten gegenüber begründet sind. Ihr Argwohn ist also nicht unberechtigt, sondern verankert — jedenfalls am einen Ende — in einer anscheinend durchaus echten Gleichgültigkeit oder gar einem Haß gegen sie.

Ein Beispiel: In einer Gruppe, die bei dieser Gelegenheit aus sechs Personen und mir selbst besteht, klagt eine Frau über Schwierigkeiten beim Essen: ihre Furcht vor dem Ersticken, wenn sie in einem Restaurant ißt; ihre Verlegenheit, als unlängst während einer Mahlzeit eine attraktive Frau an ihrem Tische gesessen hat. „Ich habe dieses Gefühl nicht", sagt Herr A, und seiner Bemerkung folgt ein Gemurmel von einigen andern, das bekunden könnte, sie seien einig mit ihm — es bekunden *könnte* und auch bekundet —, ihnen aber doch die Möglichkeit läßt, nötigenfalls zu sagen, sie hätten „gar nichts gesagt"; denn diese Gruppe ist mittlerweile schlau geworden. Die übrigen machen ein Gesicht, als interessierte oder beträfe die Angelegenheit sie nicht. Hätte ein Patient bei einer Analyse so gesprochen wie diese Frau, so würde zweifellos der Analytiker je nach dem Stand ihrer Behandlung ohne große Schwierigkeit sehen, daß eine Anzahl von Deutungen in Frage käme. Ich kann aber keinesfalls einsehen, wie irgendeine von diesen Deutungen, die auf jahrelangem psychoanalytischem Studium der Paarbeziehung beruhen, als für die Gruppe angemessen betrachtet werden kann; andernfalls müßten wir unsere Vorstellungen von der Natur der analytischen Situation revidieren. Tatsächlich ging es in den Deutungen, die ich gab, fast ausschließlich darum, aufzuzeigen, daß die Äußerungen im Anschluß an das Geständnis der Frau das dringende Bestreben der Gruppe verrieten, den Gedanken von sich zu weisen, daß die Schwierigkeiten der Frau — woran sie auch liegen mochten — auch die der andern seien, und überdies kundzutun, daß man in dieser Hinsicht der Frau überlegen sei. Dann konnte ich zeigen, daß die Aufnahme, die der Offenheit der Frau von seiten der Gruppe zuteil geworden war, es nunmehr für jeden andern in der Gruppe sehr schwer gemacht hatte, einzeln von jenen andern Punkten zu sprechen, in denen sie „unterlegen" waren, sofern sie das in einer Anwandlung von Aufrichtigkeit zuzugeben bereit waren. Kurz, es ließ sich unschwer zeigen, daß eine Patientin, wenn sie so weit ging, sich mit einer Schwierigkeit hilfesuchend an die Gruppe zu wenden, statt der Hilfe nur noch stärkere

Gefühle der Unterlegenheit, Einsamkeit und Minderwertigkeit aufgeladen bekam.

Diese Situation ist nicht die gleiche wie bei einer Analyse, wenn es dem Analytiker gelungen ist, unbewußte Befürchtungen und Ängste an die Oberfläche zu bringen. In dem erwähnten Falle wurde keine Deutung gegeben, die der Frau die Bedeutung ihrer Ängste beim Essen in Anwesenheit einer „attraktiven Frau" klarmachen konnte. Die verschiedenen Deutungen, die ich gab, hätten ihr, soweit sie erfolgreich waren, die unangenehmen Gefühle klarmachen können, die entstehen, wenn man in einer Gruppe, die ausgiebig von der projektiven Identifikation Gebrauch macht, die Position des „Empfängers" einnimmt. Ich hätte ihr klarmachen können, daß es ihre „Mahlzeit" in der Sitzung war, die ihr Verlegenheit bereitete, und bis zu einem gewissen Grade war das in den Deutungen impliziert, die ich der Gruppe insgesamt gab. Aber man muß wohl zugeben, daß die Frau, vom analytischen Standpunkt aus betrachtet, keine zufriedenstellende Deutung bekam und ein Erlebnis über sich ergehen lassen mußte, dessen Unannehmlichkeit nicht in ihrer Krankheit selbst begründet lag, sondern in der Tatsache, daß Gruppenbehandlung die falsche Behandlung war.

Es gibt jedoch noch eine andere Möglichkeit: Ich hatte zwar und habe auch heute noch keinen Grund zu der Vermutung, es habe sich bei dieser Frau um etwas anderes gehandelt als um eine Psychoneurotikerin; aber als sie sprach, erinnerte mich die ganze Art und Weise, wie sie sprach, stark an die Aufrichtigkeit und Geschlossenheit der unbewußten Ausdrucksmittel, die beim Psychotiker so oft im Gegensatz steht zu der Verwirrung, die seine rationalen Mitteilungsversuche begleiten. Um das noch klarer zu machen: Ich glaube, wenn diese Patientin bei der Analyse so mit mir gesprochen hätte wie in der Gruppensitzung, hätten ihr Tonfall und ihr Gebaren bestimmt keinen Zweifel in mir aufkommen lassen, daß die richtige Deutung eine Deutung sei, wie sie bei einer neurotischen Störung angebracht ist; in der Gruppe hatte ich das Gefühl, daß Gebaren und Tonfall gleichermaßen darauf hindeuteten, man könne ihr Verhalten richtiger beurteilen, wenn man es als verwandt mit den Formulierungen des Psychotikers betrachtete. So gesehen, würde ich sagen, daß sie das Gefühl hatte, es gebe ein einziges Objekt, die Gruppe genannt, das durch ihr Essen in Stücke gespalten worden sei (die einzelnen Mitglieder der Gruppe). Dieser Glaube gab ihr verstärkte Schuldgefühle, ihre Emotionen als Empfängerin der projektiven Identifikation schienen durch ihr eigenes Verhalten herausgefordert. Diese Schuldgefühle wiederum machten es ihr schwer, die Rolle zu verstehen, die die Handlungsweise der andern Gruppenmitglieder in ihren Emotionen spielte.

Bisher habe ich untersucht, wie die „Schlechtigkeit der Gruppe“ den Patienten berührt, der Behandlung sucht. Nun können wir dies vom Standpunkt der Gruppenmitglieder betrachten, die „Heilung“ durch die von Melanie Klein (1946) dargestellten Mechanismen der Spaltung und Projektion zu erlangen versucht haben. Nicht nur haben sie alle Nöte der Patientin von sich gewiesen, sondern sie haben sich, soll dieser Mechanismus wirksam werden, auch der Notwendigkeit ausgesetzt, jedes Verantwortungsgefühl gegenüber der Frau von sich abzuschütteln. Dies tun sie, indem sie gute Teile ihrer Persönlichkeit abspalten und auf den Analytiker projizieren. Auf diese Weise ist die „Behandlung“, die diesen Einzelnen von seiten der Gruppe zuteil wird, einerseits die Schaffung eines Bewußtseinszustandes, der deutlich verwandt ist mit dem „Verlust der individuellen Eigenart“, von dem Freud spricht, und andererseits die Auflösung der Persönlichkeit, die wir bei Psychotikern finden. An dieser Stelle ist die Gruppe in dem Zustande, in dem, wie ich es ausgedrückt habe, die Grundannahme der Abhängigkeit dominant ist.

Ich will die Darstellung der Entwicklung in dieser Gruppe nicht weiter fortsetzen, aber doch noch eine Eigentümlichkeit ihres späteren Verhaltens erwähnen, die in Gruppensituationen aller Art sehr häufig ist. Die weitere Kommunikation bestand aus kurzen Einwürfen, langem Schweigen, gelangweiltem Stöhnen, verlegenen Bewegungen. Diese Lage der Dinge in einer Gruppe verdient genaue Beachtung. Die Gruppe scheint imstande zu sein, fast unendliche Perioden solcher Konversation oder auch ohne alle Konversation auszuhalten. Es gibt zwar Proteste, aber das Ertragen dieser Monotonie scheint ein geringeres Übel zu sein als eine Handlung, um ihr ein Ende zu machen. Es ist unmöglich, sämtliche Gründe zu nennen, weswegen ich diese Phase des Gruppenverhaltens für bedeutsam halte. Ich will mich mit der Angabe begnügen, daß sie eng zusammenhängt mit der Abspaltung und Persönlichkeitsauflösung, die ich oben erwähnt habe. Ich glaube ferner, daß sie mit Depressionsgefühlen wahrscheinlich in ganz ähnlicher Weise zusammenhängt, wie die Aufrechterhaltung der schizoiden Position dazu dient, die depressive Position zu unterdrücken (Klein, 1946).

Sprachliche Kommunikation

Wenn in dieser Situation Deutungen gegeben werden, stoßen sie auf Mißachtung. Diese Mißachtung kann, wie in der Psychoanalyse, mehr scheinbar als echt sein; es kann sein, daß die Deutungen fehlerhaft und daher unwirksam sind; oder es kann sein, daß die Grundannahmen so sehr dominieren, daß jeder Fingerzeig ignoriert wird, der sich nicht innerhalb der Grenzen dieser Zustände hält. Aber selbst wenn man diese Möglichkeiten in Rechnung zieht, bleibt ein unerklärter Rest.

Ich bin notgedrungen zu dem Schlusse gelangt, daß verbaler Austausch eine Funktion der Arbeitsgruppe ist. Je mehr die Gruppe der Grundannahme entspricht, desto weniger rationalen Gebrauch macht sie von sprachlicher Kommunikation. Worte übermitteln nur noch Geräusche. Melanie Klein (1930) hat die Bedeutung der Symbolbildung in der Entwicklung des Individuums betont, und ihre Darstellung der gehemmten Fähigkeit zur Symbolbildung scheint mir für den Gruppenzustand, von dem ich spreche, relevant zu sein. Die Arbeitsgruppe versteht den speziellen Gebrauch von Symbolen, der zur Kommunikation gehört; die Grundannahmen-Gruppe versteht ihn nicht. Ich habe die Auffassung gehört, die „Sprache" der Grundannahmen-Gruppe sei primitiv. Ich glaube, das trifft nicht zu. Ich halte sie nicht für primitiv, vielmehr für entwertet. Statt die Sprache als eine Methode des Denkens zu entwickeln, benutzt die Gruppe eine lebendige Sprache als Handlungsmodus. Diese „vereinfachte" Kommunikationsweise hat nichts von der Vitalität primitiver oder archaischer Sprachen. Ihre Einfachheit ist die der Verkommenheit und Entwertung. Im Gegensatz dazu stehen die Fälle, in denen eine Gruppe sich der Unzulänglichkeiten ihres Vokabulars bewußt ist und sich auf Ausdrücke zu einigen sucht, die in der Gruppe benützt werden sollen. In diesem Falle, so könnte man sagen, sieht man die Entwicklung einer „primitiven" wissenschaftlichen Methode im Rahmen der Arbeitsgruppenfunktion, aber dies hat nichts von einer Entwertung an sich. Die „Sprache" der Grundeinstellungsgruppe hat nicht die Präzision und Breite, die durch eine Fähigkeit zur Bildung und Verwendung von Symbolen erreicht wird. Dieses Hilfsmittel zur Entwicklung fehlt also, und Stimuli, die normalerweise die Entwicklung fördern würden, haben keine Wirkung. Aber man könnte für die von den Gruppen verwendeten Kommunikationsweisen den Namen der „universellen Linguistik" in Anspruch nehmen, den Benedetto Croce der Ästhetik gegeben hat. Auf der Ebene der Grundannahmen versteht jede menschliche Gruppe ohne weiteres jede andere menschliche Gruppe, wie verschieden in Kultur, Sprache und Tradition sie auch sein mögen.

Zur Übung in der Anwendung einiger der Theorien, die ich vorgetragen habe, möchte ich den biblischen Bericht über den Turmbau von Babel anführen[9]. Der Mythos bringt — ähnlich wie die Assoziationen

[9] 1. Buch Mose 11, 1—9. Dieser Bericht gehört zu dem sogenannten jahwistischen Kanon und könnte daher als Beispiel einer Aufzeichnung durch eine Gruppe im Zeichen der Abhängigkeit betrachtet werden, wenn sie durch die aufkommende Grundannahme der Paarbildung bedroht wird.

eines Psychoanalyse-Patienten — die folgenden Elemente zusammen; eine Universalsprache, die Errichtung eines Turmes durch die Gruppe, in dem die Gottheit eine Bedrohung ihrer Stellung sieht, eine Verwirrung der Universalsprache und eine Verstreuung der Menschen über den Erdkreis. Was für ein Vorgang steckt hinter diesem Mythos?

Auf Grund meiner Theorien möchte ich den Mythos als Bericht über die Entwicklung der Sprache in einer Gruppe deuten, in der die Grundannahme der Abhängigkeit dominant ist. Man erinnere sich, daß Freud die Entwicklung der Sprache als Beispiel einer Gruppentätigkeit von hohem geistigem Rang gewählt hat. Die neue Entwicklung als solche verlangt weitere Entwicklung — dies liegt in der Symbolik des Turmes, dessen Bau die überragende Stellung der Gottheit bedroht. Die Vorstellung, daß der Turm bis zum Himmel reichen sollte, bringt das Element der Messias-Hoffnung hinein, das für mich ein Wesensmerkmal der Paarbildungsgruppe ist. Aber eine Messias-Hoffnung, die erfüllt wird, verstößt gegen das Gesetz dieser Grundannahme, und die Gruppe spaltet sich auf.

Melanie Klein (1930) hat gezeigt, daß die Unfähigkeit, Symbole zu bilden, für gewisse Individuen charakteristisch ist. Ich möchte dies auf alle Individuen in ihren Funktionen als Mitglieder der Grundannahmen-Gruppe ausweiten.

Zusammenfassung

Freuds Auffassung von der Dynamik der Gruppe scheint mir eher der Ergänzung zu bedürfen als der Berichtigung. Es gibt viele gute Gelegenheiten zu Deutungen, die auf ein Verhalten in der Gruppe hinweisen, das angemessen wäre, wenn es die Reaktion auf eine Familiensituation darstellte. Mit andern Worten, es gibt genug Anhaltspunkte für Freuds Gedanken, daß die Familiengruppe das Grundschema für alle Gruppen darstelle. Wenn ich die Anhaltspunkte hierfür nicht hervorgehoben habe, dann deshalb, weil diese Auffassung mir nicht weit genug zu gehen scheint. Ich bezweifle, daß der Versuch, ein gruppentherapeutisches Verfahren einzuführen, gelingen kann, wenn er sich auf eine Untersuchung von Mechanismen beschränkt, die aus dieser Quelle stammen.

Ich möchte weiter gehen. Ich glaube, den Mittelpunkt in der Gruppendynamik nehmen die primitiveren Mechanismen ein, die Melanie Klein als Eigentümlichkeiten der paranoid-schizoiden und der depressiven Position beschrieben hat. Ich möchte zwar mit meiner begrenzten Erfahrung nicht gern den Beweis dafür antreten, aber ich glaube jedenfalls, daß die

Erhellung aus Freuds Entdeckung der Familiengruppe als des Prototyps aller Gruppen nicht nur unvollständig ist, sondern daß bei dieser Unvollständigkeit die Quelle der emotionellen Haupttriebkräfte in der Gruppe ausgelassen ist.

Es kann natürlich sein, daß dies alles nur ein Artefakt ist, hervorgegangen aus dem frustrierten Wunsch der Individuen, mit mir in der Gruppe allein zu sein. Ich will das Gewicht dieses Gedankens nicht unterschätzen, aber ich glaube jedenfalls nicht, daß die Phänomene, die ich beobachtet habe, nur in der therapeutischen Gruppe vorkommen. Alle Gruppen stimulieren und frustrieren zugleich die Einzelnen, aus denen sie bestehen; denn der Einzelne fühlt sich gedrängt, die Befriedigung seiner Bedürfnisse in seiner Gruppe zu suchen, und wird gleichzeitig in diesem Bestreben behindert durch die primitiven Befürchtungen, die die Gruppe erregt.

Ich möchte rekapitulieren: Jede Gruppe von Individuen, die zu Arbeitszwecken zusammengekommen ist, zeigt Arbeitsgruppentätigkeit, das heißt: geistige Betätigung, die darauf abzielt, der vorliegenden Aufgabe zu dienen. Die Untersuchung zeigt, daß diese Bestrebungen durch affektive Triebkräfte dunkler Herkunft manchmal behindert, gelegentlich gefördert werden. Diese anomalen psychischen Aktivitäten bekommen einen gewissen Zusammenhalt, wenn man annimmt, daß die Gruppe affektiv so handelt, als habe sie gewisse Grundannahmen über ihre Ziele. Weitere Untersuchung ergibt, daß diese Grundannahmen, die mit den drei Formeln: Abhängigkeit, Paarbildung, Kampf oder Flucht einigermaßen umrissen sein dürften, einander verdrängen, gleichsam als Reaktion auf einen unerklärten Impuls. Außerdem scheinen sie ein gemeinsames Bindeglied zu haben, vielleicht sogar nur verschiedene Aspekte derselben Sache zu sein.

Weiterhin zeigt sich, daß jede Grundannahme Züge enthält, die äußerst primitiven Beziehungen zu Teilobjekten so genau entsprechen, daß früher oder später psychotische Angst, die zu diesen primitiven Beziehungen gehört, freigesetzt wird. Diese Ängste und die ihnen eigentümlichen Mechanismen sind in der Psychoanalyse schon von Melanie Klein aufgezeigt worden, und ihre Darstellungen entsprechen gut den emotionellen Zuständen, die ein Ventil in geschlossenem Handeln der Gruppe finden. Das Verhalten der Gruppe bei dieser Gelegenheit gewinnt Zusammenhang, wenn man es als die Folge einer Grundannahme betrachtet. Unter dem Gesichtspunkt der differenzierten Arbeitsgruppentätigkeit betrachtet, scheinen die Grundannahmen die Quelle affektiver Triebkräfte zu sein, deren Ziele sich erheblich von der äußeren Aufgabe der Gruppe und selbst von den Aufgaben unterscheiden, die zu Freuds Auffassung von der

Gruppe nach dem Grundschema der Familiengruppe zu passen scheinen.

Anders aber, wenn man die Grundannahmen unter dem Gesichtspunkt der psychotischen Angst in Verbindung mit Phantasien primitiver Teilobjekt-Beziehungen betrachtet, wie sie Melanie Klein und ihre Mitarbeiter dargestellt haben. In dieser Sicht scheinen die Phänomene der Grundannahmen weit mehr die Merkmale von Abwehrreaktionen gegen die psychotische Angst zu haben und zu Freuds Anschauungen nicht so sehr im Widerspruch zu stehen, als sie zu ergänzen. Nach meiner Ansicht ist es nötig, sowohl durch die Spannungen der Familienstruktur hindurchzudringen wie durch die noch primitiveren Ängste der Teilobjekt-Beziehungen. Ja, ich bin der Ansicht, daß sich in den letzteren die tiefsten Ursprünge allen Gruppenverhaltens finden.

Wenn man den Versuch für lohnend hält, ein gruppentherapeutisches Verfahren als Methode zur Behandlung des Einzelnen einzuführen, so dürfte es sich für die Psychoanalytiker empfehlen, einen neuen Namen dafür zu finden. Ich kann keine wissenschaftliche Berechtigung dafür sehen, Arbeit von der Art, wie ich sie versucht habe, als Psychoanalyse zu bezeichnen. Meine Gründe hierfür habe ich schon genannt (S. 132 bis 135). Dazu kommt eine Tatsache, deren wir uns alle bewußt sind: Bittere Erfahrung hat uns gelehrt, daß der Widerstand gegen das Unbewußte so subtil sein kann, daß er die analytischen Feststellungen verzerren und zur Unterstützung einer persönlichen Abwehrhaltung umdeuten kann (Jones, 1952). Deshalb sollte der Ausdruck „Psychoanalyse" weiterhin, soweit man so etwas festsetzen kann, für die Grundprinzipien der Psychoanalyse gebraucht werden.

Schließlich die Frage, welcher therapeutische Wert dem Verfahren beizumessen ist, das ich darzustellen versucht habe. Ich halte die Zeit noch nicht für gekommen, um ein klares Urteil darüber abzugeben, aber ich glaube, es mag zu vertreten sein, daß voll ausgebildete Psychoanalytiker den Wert dieser Methode erforschen, vielleicht mit Gruppen, deren Mitglieder selbst eine Psychoanalyse durchmachen oder durchgemacht haben.

Jeder Einzelne ist in der Lage, selbst zu entscheiden, ob die Theorien, die ich umrissen habe, als Darstellung der Gruppendynamik den Phänomenen einen Sinn verleihen, die er in seinem täglichen Leben als Mitglied einer Gruppe erleben kann.

Literaturhinweise

Clay, Henry (1916): Economics for the general reader. London.

Einzig, Paul (1949): Primitive money. London.

Fortes, Meyer (1949): Time and social structure: an Ashanti case study. Oxford.

Freud, Sigmund (1911): Formulierungen über die zwei Prinzipien des psychischen Geschehens. Gesammelte Werke, Bd. VIII.

— (1913): Totem und Tabu. Ges. Werke, Bd. IX.

— (1921): Massenpsychologie und Ich-Analyse. Ges. Werke, Bd. XIII.

— (1931): Das Unbehagen in der Kultur. Ges. Werke, Bd. XIV.

Gibbon, Edward (1781): Geschichte des Verfalls und Untergangs des römischen Reiches. (Deutsch: Leipzig 1805—1807).

Halliday, J. L. (1948): Psychosocial medicine. New York, London 1949.

Heimann, Paula (1952 a): Certain functions of introjection and projection in early infancy. In: M. Klein et al.: Developments in psycho-analysis. London 1952.

— (1952 b): A contribution to the re-evaluation of the Oedipus complex — the early stages. *Int. J. Psycho-Anal.*, vol. 23, 2. Auch in: M. Klein et al.: New directions in psycho-analysis. London 1955.

Hingston Quiggin, A. (1949): A survey of primitive money. London.

Hodgkin, R. H. (1935): History of Anglo-Saxons. Vol. II, p. 579. London.

Jones, Ernest (1952): Preface to „developments in psycho-analysis". London 1952.

Klein, Melanie (1928): Frühstadien des Ödipuskonfliktes. *Int. Ztschr. f. Psa.* 14.

— (1930): Die Bedeutung der Symbolbildung für die Ichentwicklung. In: Melanie Klein, Das Seelenleben des Kleinkindes. Stuttgart 1962.

— (1935): Zur Psychogenese der manisch-depressiven Zustände. In: Klein, Das Seelenleben des Kleinkindes.

— (1945): The Oedipus complex in the light of early anxieties. In: Contributions to psycho-analysis. London 1948.

— (1946): Bemerkungen über einige schizoide Mechanismen. In: Klein, Das Seelenleben des Kleinkindes.

Le Bon, Gustave (1896): Psychologie der Massen. Stuttgart 1968.

McDougall, William (1920): The group mind. (2nd ed.), London 1927.

Petit-Dutaillis (1911): Studies supplementary to Stubbs's constitutional history. pp. 36—38. Manchester.

Toynbee, Arnold (1935): A study of history, vol. I, Oxford 1935.

Trotter, Wilfred (1916): Instinct of the herd in peace and war. London.

Wittkower, Eric (1949): A psychiatrist looks at tuberculosis. The National Association for the Prevention of Tuberculosis. London.

Namen- und Sachregister

Nachweise

Folgende Aufsätze aus früheren Veröffentlichungen wurden in dieses Buch aufgenommen:

Teil I:

„Intra-group tensions in therapy". In: *Lancet*, 27. Nov. 1943.

Teil II:

„Experiences in groups". In: *Human Relations*, vols. I—IV, 1948—1951.

Teil III

„Group dynamics: a re-view". In: *International Journal of Psycho-Analysis*, vol. XXXIII, Pt. 2, 1952.